当代大学生教育与管理创新研究

李 继 著

中国纺织出版社有限公司

图书在版编目（CIP）数据

当代大学生教育与管理创新研究 / 李继著. --北京：中国纺织出版社有限公司，2024.1
ISBN 978-7-5229-1409-1

Ⅰ．①当… Ⅱ．①李… Ⅲ．①大学生—教育管理—研究 Ⅳ．①G647

中国国家版本馆CIP数据核字（2024）第021594号

责任编辑：赵晓红　　责任校对：江思飞　　责任印制：储志伟

中国纺织出版社有限公司出版发行
地址：北京市朝阳区百子湾东里A407号楼　邮政编码：100124
销售电话：010—67004422　传真：010—87155801
http://www.c-textilep.com
中国纺织出版社天猫旗舰店
官方微博 http://weibo.com/2119887771
天津千鹤文化传播有限公司印刷　各地新华书店经销
2024年1月第1版第1次印刷
开本：710×1000　1/16　印张：15.5
字数：220千字　定价：99.90元

凡购本书，如有缺页、倒页、脱页，由本社图书营销中心调换

前　言

随着国家对高校教育的高度重视和投入的加大,我国高等教育事业得到了快速发展。大学生是十分宝贵的人才资源,是民族的希望,是祖国的未来。加强和改进对大学生的教育管理,提高大学生的综合素质,对全面实施科教兴国和人才强国战略,加快推进我国社会主义现代化进程,确保中国特色社会主义事业兴旺发达具有重大而深远的战略意义。

学校教育是有目的、有计划、有组织进行的,它可以充分利用社会环境的有利条件,发扬受教育者之长,促进大学生的全面发展。为了充分发挥学校教育与管理的主导作用,大学生教育与管理工作必须进一步强化。本书论述了高等教育管理的相关概念、目标和规律,以便为大学生教育管理工作提供良好的理论基础。对大学生进行教育与管理,既包括对大学生进行思想政治教育和美育,指导和鼓励大学生积极参与实践活动,又要关注大学生的安全,提高大学生的安全意识,引导大学生安全上网。另外,就业与创业问题是大学生毕业时面临的一大问题,因此,本书针对大学生职业生涯规划给出了相应的指导,并对大学生就业、创新创业教育管理提出了相关对策与建议,以期促进大学生教育与管理工作的发展。

李继

2023年8月

目 录

第一章　高等教育管理概述 ································ **001**
　　第一节　高等教育管理的基本概念与特点 ···················· 002
　　第二节　高等教育管理的目标 ······························ 008
　　第三节　高等教育管理的规律 ······························ 014

第二章　大学生思想政治教育研究 ························ **021**
　　第一节　大学生思想政治教育的原则与方法 ·················· 022
　　第二节　大学生思想政治教育协同创新研究 ·················· 039
　　第三节　大数据下大学生思想政治教育研究 ·················· 060

第三章　大学生美育管理研究 ···························· **075**
　　第一节　美育及其在大学生成长中的作用 ···················· 076
　　第二节　大学生美育管理的要求 ···························· 083
　　第三节　新媒体时代大学生审美价值观的培育 ················ 086

第四章　大学生安全管理研究 ···························· **107**
　　第一节　大学生安全教育研究 ······························ 108
　　第二节　大学生宿舍安全管理研究 ·························· 125
　　第三节　大学生网络安全管理研究 ·························· 134

第五章　大学生实践活动管理研究 ························ **141**
　　第一节　大学生实践活动的意义 ···························· 142

　　　　第二节　大学生实践活动的内容……………………………145
　　　　第三节　大学生社会实践管理创新研究……………………153

第六章　大学生就业与创业管理研究……………………………………167
　　　　第一节　大学生职业生涯规划指导研究……………………168
　　　　第二节　大学生就业管理创新研究…………………………179
　　　　第三节　大学生创新创业教育管理研究……………………186

第七章　大学生管理工作的创新…………………………………………203
　　　　第一节　柔性管理理念在大学生管理工作中的应用………204
　　　　第二节　"互联网+"在大学生管理工作中的应用…………229

参考文献……………………………………………………………………237

第一章
高等教育管理概述

第一节　高等教育管理的基本概念与特点

一、管理的一般概念

管理一般是指在特定的环境下，对组织所拥有的资源进行有效的计划、组织、领导和控制，以便完成既定的组织目标的过程。管理是人们依据社会发展的客观规律和在特定历史条件下有意识地调节社会系统内外的各种关系和资源，以便达到既定的系统目标的过程。很显然，这两个表述并不矛盾，只是表述的方式稍有差别而已。前面的表述直接一些，比较简练直观；后面的从社会系统的角度和方法进行表述，比较宏观。其含义包括以下三个方面。

第一，管理是一个目标导向的过程，旨在促进组织目标的实现。它是组织运行中不可缺少的元素，但无法独立存在。简而言之，管理活动只有在组织有特定目标和活动时才有意义。管理没有自我目的，即不会为了管理而管理，它也不会脱离组织活动存在，即没有组织活动的发生也就不会存在管理，组织活动的目标就是管理的目标，管理就是为了推动组织目标实现而存在的。

第二，管理不是单一活动，而是整合和协调组织内多种资源要素通过计划、组织、控制来实现组织活动目的的活动，这也是管理工作的基本职能。

第三，尽管管理应遵循其内在规律，但在实际操作中也必须考虑到外部环境因素。因为管理是一种社交行为，只有适应并响应其特定的社会、经济和文化环境的管理才能称为成功的管理。

法国是一般管理理论的起源地，这是一种从高级管理角度出发来探讨组织行为和管理实践的理论。在此基础上，现代管理理论的研究发展很快形成了许多管理的经典理论和理论体系。根据研究管理的对象不同，管理有广义和狭义之分。广义的管理可以是针对大自然中的万事万物的管理；狭义的管理只是针对某项具体活动，以及活动中的资源所进行的计划、组织、领导、控制。一般情况下，我们研究的管理是狭义的管理，是指组织的管理、行为的管理、活动的管理。活动的结果，实际上是人的能动性的结果。管理的实质是人，是管理者与被管理者之间发生的矛盾的解决。既然这样，那么，管理就是由管理者、被管理者、事项三方形成的特定的活动。

对于管理的分类，现代管理一般可以从多个方面来进行划分。一是从活动的规模大小划分，可以分为宏观管理和微观管理；二是从具体活动的内容划分，可以分为综合管理和专项管理；三是从管理的形式上划分，可以分为紧密管理和松散管理。当然，这些区分也只是相对的。

二、高等教育管理的概念

高等教育管理的定义是以实现高等教育目标和发展规律为根本出发点，协调高等教育资源和高等教育系统内外的各种关系开展的有计划、有组织、有领导、有控制的管理活动。

从教育管理的层面上讲，高等教育是中等教育基础之上的教育，因此，高等教育管理是指高等教育这一特殊的专业层面上的管理。

高等教育管理根据管理层面不同可分为两种，分别是宏观高等教育管理和微观高等教育管理。

高等教育管理根据管理内容的不同可分为宏观战略规划管理、宏观调控管理（宏观高等教育管理）以及教育组织内部的具体的教育管理活动（微观高等教育管理）。

从定义分析可以总结出高等教育管理的基本框架。

（一）高等教育管理的依据

由上述定义可知，高等教育的目的和发展规律是高等教育管理活动开展的主要依据。高等教育的目的是为社会提供各级各类的高级专门人才。各级各类高级专门人才的教育是指在类别上为普通高等教育、成人高等教育，在性质上为公办高等教育、民办高等教育，在层次上为专科教育、本科教育、研究生教育。这些教育的目的和目标是管理的根本依据。高等教育活动离不开学生，与学生的个人发展密切相关，具体来讲就是借助德育、智育、体育、美育等教育活动促使学生全面发展。只有把人作为社会关系的总和来看待，才能对人的发展有全面的理解。因此，各级各类教育过程都有其自身的客观内在规律，只有正确认识它们的客观规律，才能实施科学的管理。高等教育活动还与社会政治发展、经济发展、文化发展有关，并且可以在一定程度上推动其蓬勃发展。具体来讲，社会制度、科技水平、文化传统等都在一定程度上影响着高等教育活动的开展。因此，无论是制定高等教育发展政策这种国家宏观层面的高等教育管理活动，还是高校人才培养这种具体的高等教育管理活动都必须以高等教育的目的和发展规律为起点和落点。

（二）高等教育管理的任务

上述定义还指出了高等教育管理的任务，即有意识地调解高等教育系统内外各种关系和高等教育资源，以适应高等教育系统发展的客观规律。从一个国家或者地区来讲，高等教育系统是国家或者地区社会系统中的一个子系统；从高等教育组织系统来讲，高等学校也是一个社会子系统。由于系统中存在着多种矛盾，因此高等教育管理的任务就是协调并最终解决系统中存在的矛盾。在高等教育管理中，要用系统论的眼光来设计高等教育的整体和各部分之间、要素与要素之间、学校系统与外部环境之间、学校系统内部的子系统之间的相互关系，树立整体的观念，并通过有效的管理实现系统要素间的整体优化。

（三）高等教育管理的目的

上述定义还指出了高等教育管理的结果，即不断实现高等教育系统目的。对高等教育系统来讲，所有教育工作的开展都是为了实现学生的全面发展，这是高等教育最根本的目的，高等教育管理的目的只是一种偏向于工具性和辅助性的目的。协调高等教育资源以及高等教育系统中各种关系资源只是高等教育管理的有效目的之一。当然，由于高等教育管理有其自身的需要，其自身也有目的，如效率就是管理的目的之一，有效的管理在一定程度上可以促进高等教育目的实现。总而言之，高等教育管理应遵循国家教育方针，组织发展目标以及高等教育发展基本规律，顺应社会政治、经济、文化的发展背景，通过立法、行政、经济、市场等手段进行协调和控制，确保高等教育人才培养质量、推动科学文化知识创新、促进社会进步等目标的实现，最终实现高等教育的可持续发展。

三、高等教育管理的特点

世间万物都有独属于自身的特殊之处，高等教育管理也不例外。当我们对高等教育管理的特点有深入的了解时，就可以在完全遵循其本质规律的基础上开展各种管理活动，协调管理活动中出现的各种矛盾。

（一）高等教育管理目标的特殊性

高等教育管理目标具有特殊性，这种特殊性是由于高等教育系统特定的社会目标和发展目标所导致的。而高等教育系统的目标是由高等教育的功能决定的，因此，高等教育管理功能和目标都要具备特殊性。高等教育管理核心职责涵盖规划、组织、协调和监管等，旨在确保高等教育更适应社会的进步和生产力的增长，具体表现在教育层次、构造、规模和品质等方面的目标。在执行层面，高等教育管理的职责是确保组织内各参与者都能依据高等教育的内在规律和社会需求来行动，从而更高效地实现预定目标。高校教育系统的目标必须遵从高等教育目标和发展规律，因此其协调活动不应简单地套用企业管理模式或方法，而应以高等教育特有的规律为导向。基于此理念的高等教育微观管理活动的根本目的是人才培养和人才质量的提升，因此它与行政管理或企业管理等其他类型的管理不同，绝对不能仅仅关注经济回报或利润最大化。虽然市场经济体制要求所有的组织和活动都必须以经济效益为先，但高等教育管理是否要追求经济效益最大化并非高等教育管理工作者的主要研究内容，其主要研究是如何将经济效益与社会效益进行有机融合，并将其确定为高等教育管理目标之一，同时平衡二者关系，这也进一步凸显了高等教育管理目标的特殊性。

高等教育管理有两个核心目标功能：一是管理需要将组织内的关系和资源整合为一个有凝聚力的单元，即实现系统的稳固性；二是它需要激发各成分的主观能动性，围绕全局目标，以期放大整体效益，即执行"协同"或"增效"功能。高等教育系统是由相关的教育管理部门和各类学院或大学构成，其结构和目的与其他社会系统存在明显差异。除了与其进行信息、能量交换和精神产出，它还在物质层面产生价值，如人力资源、科技创新和文化成果等，还可能转化为工业产品。这个系统是社会中最富有创造性的部分，通过成员和各方面要素的积极参与产生远超各个组成部分之和的综合效果。相对地，如果教育人员和资源中的主观能动性未能得到充分发挥，它也更容易限制社会生产力的增长。因此，高等教育的管理者需要深刻理解这两大功能的特点，并着重在增强组织凝聚力的同时促进整体效能。简言之，强化系统的稳固性将催生更高的协同效应，而体系发展又会进一步强化其内部的凝聚力。

（二）高等教育管理资源的特殊性

高等教育管理资源也具备特殊性。首先，高等教育系统涉及的主要参与者——教师和学生——都有其独特性。教师作为高等教育系统的管理者和管理主体之一通常是由具有专门化知识和技能的个体担任，管理这一群体需要深入理解其心理动态和以个人脑力劳动为主的职业活动。学生群体作为高等教育系统的被管理者和管理主体之一基本都是完成了中等教育的青年，对他们的管理和指导需要严格遵循这一年龄段的身心发展特点。高等教育系统参与者群体的独特性也使得高等教育管理出现了一种特殊的管理行为——自我管理，这种管理可能发生在任何管理活动中，但在高等教育管理中地位极高，不仅教师需要具备一定程度的自我管理能力，学生也需要在学习过程中培养这种能力。其次，与经费和资金有关的管理在高等教育管理中是一项特别复杂的任务。这不仅是因为资金用途多样，更重要的是因为投资回报通常不容易量化，可能需要更长的时间才能显现收益，而且经济回报率并不一定高。这与商业、公共或经济领域的资金管理有本质的不同。最后，高等教育中用于教学和研究的物资和设备管理也有其特殊性。这些物资和设备并不仅仅是工具和设备之类的生产性资源，更是开展教育和科研活动的基础设施，是支撑教学、实验和科研活动的平台。因此，在高等教育管理中，这些要素的独特性不仅定义了管理的复杂性，也突出了需要专门的策略和方法来有效地管理它们。

高等教育资源的特殊性构成了高等教育管理的特殊性。高等教育资源是指整个社会用于教育领域中的人力、物力和财力，以及知识产品、文化产品等的总和。有效的、可利用资源是指高等教育的主办者对高等教育的投入所形成的资源，主要表现在经费投资方面。社会用于教育资源的来源又与社会中的区域发展相关联，与政府对教育的投资相关联。教育是一种事业投资，但是它又不仅仅是纯粹的事业投资，因为它的投资对象决定了教育不可能是完全的事业投资。事业投资的对象主要是公共事业，而公共事业是针对大众的，基本上所有的民众都可以享受到。但高等教育的对象群体不是单纯的享受公共事业的群体，因为当高等教育还没有达到普及时，它就不可能是一种完全的事业行为。虽然高等教育的结果回报了社会，但是受教育者只是整个社会群体中的一部分。那么，为什么不能普及高等教育？这是由高等教育资源的有限性决定的，而这些资源又受到整个社会政治经济发展的制约。因此，从一个方面讲，高等教育的投入来自政府、学生家长、学校自身和社会的多方融资，这构成了投资的特殊性，这也就决定了高等教育资源的特殊性。教育活动开展的首要任务是从社会总体劳动力中选定针对性群体，即专门的教育从业者和合格的学生。这些人在教育活动开展过程中不仅需要相应的教育用品、生活用品作为消耗资源，还需要教学楼、书籍和科学设备等基础设施作为教学支撑。高等教育所需的财力资源并非一定是自然生成的或通过简单的生产流程得到的。相反，这些资源通常需要长时间的培养和投资，适应社会不断变化需求后诞生。社会资源有限，尤其在满足了基本的人口再生产和物质需求后可用于教育的资金和物质资源通常相当有限。这种局面可能就会引发一种特别的矛盾：社会和个体对教育的需求超过可用的资源。因此，如何获取更多的教育资金和如何高效利用有限的教育资源变得尤为重要。由于这些因素，高等教育资源管理面临着一系列独特的挑战和考量，其特殊性不言而喻。

第二节 高等教育管理的目标

一、目标的含义和特性

（一）目标的含义

目标就其词义来说，是指目的，如为一个共同的目标而奋斗。具体来说，目标指的是个人或群体在特定范围内或特定情境中根据相应的价值观对自身做出的行为的结果进行预测，并争取在未来实现这一最终结果的标准、状态或规格。

（二）目标的特征

目标是主观见之于客观的东西。一方面，目标集中反映人们的设想、愿望，体现其意识的主观能动性；另一方面，目标是未来标准或状态的预测，具有一定的客观现实性。因此，目标要保持主观需要和客观可能的一致性。目标具有以下特性。

1.未来的导向性

目标属于方向的范畴,为人们展现未来的经过努力可以达到的前景。目标是对未来的预测,是超前思维的产物,对人类的实践活动具有引导作用。无论哪个部门或组织想要充分发挥其管理职能,明确的目标是其成功的关键,而且它能对组织的工作提供指导,同时维持管理工作顺利开展,更重要的是管理工作有明确目标后,工作人员的凝聚力、士气会得到增强,管理效能和工作效率也能得到显著提升。

2.主客观的统一性

目标是由人所设想和确立的,是"观念地存在着"的东西,反映了人对客观现实的认知程度。正确的目标是在人对客观现实有正确认知的基础上形成的,它是主观设想和客观存在的统一。主观和客观的高度统一性,是保证目标正确性的前提和基础。

3.社会的价值性

目标不是组织自身所能完全决定的,也不是纯粹个人意愿的表现。按照系统论的观点,任何组织都是社会中的或大或小的分子,其存在和活动的方式均受社会的制约。因此,目标的确立必然要反映社会的要求。这种基于客观现实、体现主观意志、反映社会要求的目标是人们认同的一种方向,其一经确立,便具有使人们为之崇尚和追求的价值。

4.系统的层次性

通常情况下,目标并不会独立存在,而是按照不同层级纵横排列,层次分明。一般来说,上一层次的实现目标的措施,成为下一层次的目标;达到下一层次的或局部的目标,是为实现上一层次或总体的目标服务的。高层次目标因为出发角度更偏向于宏观,所以具有显著的概括性、战略性特征;而低层次目标因为过分关注具体项目,所以具有显著的具体性、战术性特征。目标根据层次不同可分为多种类型,如按照隶属层次不同可分为总体目标、个体目标和组织目标;按照时间层次不同可分为近期目标、中期目标、长期目标;按照要求层次不同可分为低级目标、中级目标以及高级目标。

5.过程的实践性

目标的实现是连续性和阶段性相统一的过程，也是完成主观走向客观的过程。这一过程归根结底是实践的过程，因为离开实践就不可能制定出正确的目标，也就谈不上目标的实现。目标总是在认识、实践、再认识、再实践的过程中制定、调整和实现的。

二、高等教育管理目标的含义

高等教育管理目标是指高等教育主体根据实现高等教育目的的要求，对各项高等教育管理活动中管理对象在一定时期内所要达到的预想结果做出的标准规定。高等教育管理目标，从根本讲，与高等教育的育人目的是相统一的。随着高等教育改革的不断深入，高等教育与社会的经济、政治、文化等各个方面的联系日益密切。同时，高等教育也日益承担起更多的社会职能。它需要面对各种各样的社会期望，尽力满足多方面对知识和人才的需求，这就带来了高等教育管理目标的多样化。

三、高等教育管理的目标模式

高等教育管理的目标模式包括管理目标确立的理性模式、渐进模式和综合模式。

（一）管理目标确立的理性模式

切实是理性模式最根本的要求，理性模式的具体内容是目标制定者以现有信息为基础结合客观的分析对多个目标方案进行综合评估，确定目标的先后顺序，预估育人成本以及结果效应后选择最优方案。这种模式是以理性的行为作为选择基准的。理性的行为是扩大目标成就的行为，是根据客观资料确立目标手段的行为。

理性模式的提出旨在构建一套方便管理者使用的能够得出最大"净价值成效"目标的程序，即希望能花最小的代价，获取最大的成果。而具有最大"净价值成效"的目标，就是一项理性的目标。"净价值成效"是指目标所要求的效果大于其付出的价值。在这个意义上，理性和效率意义相同。效率是价值输入和价值输出的比例。作为一个理性的目标，目标所要求的价值与其在实行过程中所付出的价值之间的比值大于1。理性模式是人们在追求理性目标努力下创造的，是对理性目标制定过程中的一种概括和抽象。

理性模式必须满足以下条件：清楚教育要求及其重要性；清楚所有目标方案；清楚执行目标方案后可能产生的结果；能估算出执行目标方案后实现的教育要求与不能实现之间的比；能确定最佳目标方案。这个模式中的理性是指人们不仅要能知晓、权衡整个教育要求的实现程度，还要有关于目标方案的详尽资料、正确预测各种目标方案后果的能力，以及能准确把握管理成本与育人要求的操作程序。

理性模式可以促进高等教育管理目标确立的合理性，使内容切实，要求适中，操作可行。然而，由于管理者的能力和掌握的知识有限，其目标的确立不可能完全满足理性化的要求，从而需要通过渐进的方式加以修正。

（二）管理目标确立的渐进模式

渐进模式的主要要求是调适（或修正），即运用"边际调适科学"的方法，以现行的目标为基础，通过不断的实践，再与其他方案相比较，然后决定哪些内容需加修改，以及应该增加哪些新的内容。

渐进模式内涵主要包含以下六点：①管理者无须对所有目标方案进行构建和评估，只需对那些与现行目标存在渐进差距的目标方案进行构建和评估；②管理者无须考虑所有目标方案，只需考虑其中与现行目标明确相关的方案即可；③管理者无须对所有目标方案可能产生的所有结果进行论证，只需对其中几个进行论述；④管理者所面临的问题并非一成不变，而是会随着目标变化而变化，这就需要其时刻注意使用合理手段达成要求，同时保证手段的结果符合预期；⑤渐进模式具有补救性质，适应解决现实的、具体的问题，并对目标趋势进行修正；⑥渐进模式在于边际的比较，根据边际效果进行抉择，并不全面考虑每一项计划或每一个方案，所确立目标的优劣情况取决于管理者态度一致的程度。

与理性模式相比较，渐进模式较接近实际的管理情况，模式的构架较为精致完美。就管理者的个性特征而言，渐进模式也比较可行。渐进模式受现行目标成效、问题性质的改变、现有可选方法中新方法的数量等条件的限制。如果现行目标的成效不能令人满意，则渐进模式就无法适用，因此现行目标仍有成效是采用渐进模式的基础；如果问题的性质发生变化，那么渐进模式也无法适用；如果现有方法中新方法数量多，则使用渐进模式的可能性就减小了。

渐进模式的应用须具备下列条件：现有目标的成效大体上能满足高等教育管理主客体双方的需要，从而使边际变迁在目标效果上能充分显示其新收获；管理者所面对的问题在本质上必须是一致的；管理者有效处理问题的方法，须具有高度的共同性。以上条件，对渐进模式的效度（应用价值）具有决定性的影响。在高等教育改革和发展的形势下，新问题层出不穷，其管理上的渐进改变已难以适应实际需要，因此渐进模式的缺点也就开始凸显了。

（三）管理目标确立的综合模式

综合模式是为了发扬理性模式和渐进模式之长，避二者之短而构造的一种控制模式。这种模式的主要要求是追求最优化。

广义的综合模式指的是两种或两种以上模式混合使用的模式。但是，在当代高等教育目标的确立过程中，几乎所有的综合模式都包含理性成分。因此，广义上的模式都是理性与其他模式的结合。鉴于综合模式的多样性，在这里仅列举规范最佳模式和综合模式两种。

规范最佳模式吸收了理性模式的主要优点，此外，还把艺术的方法和规范科学的手段结合起来，如利用专家直觉、经验判断设计新的方案，进行各种可行性研究。在具体分析中，该模式还借用各种定性方法弥补诸多因素难以量化的不足。规范最佳模式主要有以下步骤：认清某些价值、目的和目标要求；构建目标方案，尤其是要构建新方案；对其中某些方案的效果进行评估和预测，按照效果的优劣排序，找出效果显著的方案。管理者首先可以按照渐进模式对现行目标及其执行情况进行检查，然后利用目标分析方法将其与新目标进行比较并预测新方案的可能后果及期望值。此外，规范最佳模式还把调适目标确立的质量、调适目标确立系统本身、提高目标确立参与者的个人素质、建立必要的机制、进行必要的培训等作为必须考虑的内容纳入模式中。规范最佳模式是在对现行目标进行检查、论证的基础上汲取了渐进模式的优点和理性模式的操作性方法得出最优化方案的相对最佳模式。规范性的含义不仅在于有一套目标确立的程序，还表现在它有系统的思考，即把一般意义上的控制与目标确立系统的改进联系在一起，这样规范化模式就完全容纳了渐进模式和理性模式存在的优势，具有更强的实用价值。

综合模式一方面应用理性模式，宏观审视一般的目标要素，分清主次，选取重点；另一方面应用渐进模式，探讨经过选择的重点，避免了寻找所有可行的备选方案，也避免了对与目标无关的次要细节和次要方案的全面分析，不致耽于细枝末节，而忽视基本的目标要素。这就克服了理性模式和渐进模式的不足。综合模式在选定方案的审视方面，注重使用理性模式创造新方案，克服了渐进模式的保守倾向；在重点问题、规格要求及主要的备选方案方面则注意用渐进模式方法考察，注意与已有的目标进行比较，以拟定优化切合实际的具体方案，克服理性方法的不现实性。与规范最佳模式一样，综合模式也提供了一个搜集、分析、利用有限资料的特定程序和资源分配的策略标准。与理性模式相比，综合模式缩减了考察范围，节约了大量的时间、精力和资源；与渐进模式相比，综合模式借助理性模式客观的方法对各种主要备选方案进行精细的调适，从而既提高了方案的可靠性，又给创新方案提供了机会。因此，综合模式更具体可行。

第三节　高等教育管理的规律

一、自然属性与社会属性相统一的规律

高等教育管理的自然属性是指高等教育管理活动具备不被社会时代发展和变迁所影响的稳定本质。高等教育管理的社会属性指的是高等教育管理活动具有随着社会形态变化和历史发展所形成的呈现不同特征的特殊性质。

（一）高等教育管理的自然属性

高等教育管理的自然属性主要体现为以下三个核心特质。

1.广泛性

不论何国何时，只要涉及高等教育活动便需搭配专业的活动管理。

2.一致性

高等教育管理在各历史阶段都有鲜明的共性，这些共性与政治、经济、文化等因素无关，甚至不因时间变迁而改变。例如，中国传统的高等教育管理优势得以延续，欧洲中世纪大学的校、院制组织结构和学位制度也被现代大学继承。

3.技术性

高等教育管理所需的技术和方法基本上不受社会制度差异的影响，各国可相互学习和借鉴先进的管理手段，如在高等教育管理中应用计算机技术。

（二）高等教育管理的社会属性

高等教育管理的社会属性主要包括两个方面：

1.它具有历史传承性

高等教育管理活动受地域文化影响显著，在管理理念和管理信条上会反映出特定的社会文化形态和社会心理状态，且绝对不能超越。处于同文化背景下的国家在高教管理理念上有较高的相似性，处于不同文化背景下则会产生明确

的差异。

2.它具有政治性

高等教育管理与政治权力关系密切,作为社会制度和政策的一部分,它服务于特定的政治目标。因此,高等教育管理只能在特定的社会历史环境和社会关系中进行,并会随着生产关系和生产劳动组合、劳动方式的变化而呈现出不同的社会性质。高等教育体制、管理政策总是执行和巩固一定的生产关系,实现高等教育目的。

总体而言,自然属性和社会属性是高等教育管理活动的两大内在特性,这两者在管理功能如计划、组织、指导、协调和控制上实现了统一,最终体现在高教管理的效能上。

二、封闭性与开放性相统一的规律

高等教育管理的封闭性指的是在高等教育管理过程中根据高等教育管理的特殊矛盾而在高等教育系统内部自我运转和良性循环的性能;高等教育管理的开放性指的是在高等教育管理过程中根据高等教育管理的特殊矛盾而在高等教育系统与外界环境相互关系、互相作用中实现物质、能量、信息交换的性能。二者对立统一最直观的表现就是高等教育系统的"存在"与"发展""必然"和"偶然"的矛盾统一。这一规律也是高等教育发展理论、权变理论和开放系统学说形成的理论基础。

(一)高等教育管理的封闭性

在高等教育系统内,有效的管理工作必须先构建一个相对自主和完备的教育系统环境,然后根据高等教育系统的独特目标进行优化组合,换言之,在高等教育系统内构建一个相对封闭的系统用于开展高等教育系统的"投入—加工—产出"过程。这种系统的封闭性不仅是客观存在的,也是有效推进高等教育管理所必需的。值得注意的是,一个完全封闭的高等教育系统是不可能形成的，即使形成也不能使用，它会妨碍系统与外界进行物质、能量或信息的交换，这与现代高校的成长目标和发展趋势并不匹配。在实际的管理实践中，这种封闭性更多地呈现为一种相对性，以适应不断变化和发展的高等教育生态。

（二）高等教育管理的开放性

高等教育管理的开放性主要体现在以下两个方面：①高等教育系统会受到外界多种因素的制约和影响；②高等教育系统会对外部环境施加一定的影响，从而实现物质、能量、信息的交换。正因为高等教育管理具有开放性，高等教育系统才能存在和发展，才能实现整体特性功能目标，才能保证高等教育管理的效益最大化。

（三）高等教育管理的封闭性和开放性既相对立又相统一

1.高等教育管理的封闭性和开放性是对立的

高等教育管理的封闭性强调的是教育管理系统当前的稳定性和现状维护，如人力、财力和物力的合理配置。然而，过度聚焦于这一点可能会限制其长远的创新和成长。相对地，开放性侧重于管理体系的长期发展和效益最大化，但过度关注这一方面可能会忽视当前的基础需求，从而威胁系统的稳定性。

2.高等教育管理的封闭性和开放性又是统一的

高等教育管理的封闭性并非绝对封闭，而是相对封闭，它内部具有开发性因素，并在开放的封闭中实现自身的优化和发展。高等教育管理的开放是在一定存在基础上的开放，这种开放只有依存于一个相对独立的、完整的高等教育管理系统，才能和社会环境进行物质、能量和信息的交流，从而建立起新的、更能适应社会发展需要的高等教育管理系统。

三、学术管理与行政管理相统一的规律

高等教育管理中处处离不开行政管理，如制定高等教育整体规划、监督教

育计划执行情况、合理分配人员物资、协调高等教育系统中的各个方面使其正常运转等。同时，在高等教育管理中，学术管理也是很重要的方面。学术水平的高低、学术管理的成功与否，对高等教育管理的水平及其发展都有重大影响。因此，高等教育管理需要保持学术管理与行政管理的统一。学术管理与行政管理的不同主要表现在以下三个方面。

（一）指导原则不同

学术管理务必遵循学术自由和多元思想的核心准则，这是促进学术兴盛的基础。当人们想要消除不同学术观点存在的分歧时必须通过开放、自由的学术讨论来达成，而不能采用服从权威意见或少数人服从多数人等民主方式实现。评判学术问题应该基于学术标准和科学实证，而非采用行政决策方法。行政管理更注重实时性，需要把握机会，因此要遵循少数人服从多数人的原则，但在进行重大决策时也需要兼顾其决策的科学性、实用性、可行性、合理性及可能阐述的影响。

（二）采用方法不同

学术管理必须根据各个学科或专业的独特性来进行个性化管理，因此，不可能有"一刀切"的解决方案。而且文学和科技领域，或者专业课程与基础课程的管理采用的都是不同的方法。行政管理刚好与之相反，更侧重于全局统一和协调，而且为了更好地发挥高等教育的整体功能，常常通过制定政策和规定来实现管理。

（三）管理程序不同

在学术管理中，专家和教授的作用至关重要。西方很多高校通常会通过举办教授讨论会的方式来对本校的学术事务做出决策，如学科方向、学术规范等，有些高校甚至连招聘教职人员都需要通过民主讨论决定。我国的许多高校在进行学术管理时也经常会采用这一模式。相对于这种"民主式"的决策过程,行政管理更偏向于"等级式",强调从上到下的命令链和层级执行。

高等教育管理中的学术管理与行政管理虽然有上述这些不同的特点,但它们早已成为有机整体,难以分割开来。特别是随着高等教育日趋大众化、高等学校规模的扩大和内部结构的日益复杂化,高等教育管理的难度也逐渐加大,而这必将促进行政管理的强化。因此,高等教育管理要结合学术管理与行政管理的不同特点采取相应的方式进行针对性管理,同时保持两种管理的和谐,绝不能过分强调任意一种管理。

四、过程管理和目标管理相统一的规律

对管理来讲,管理过程和管理目标同样重要。所谓管理过程,指的是实现管理目标过程中出现的带有管理属性的环节。管理目标的实现离不开管理过程的有序推进,而管理过程的形成离不开管理职能。通过对管理过程的全面分析,管理者能精准把握不同管理工作之间存在的内在关联。

(一)过程管理

高等教育管理流程基本上分为规划、实施、监控和评估四个步骤。规划是管理活动的出发点,它涵盖了明确管理目标、构建多个可行策略、选择决策和制定行动方案等多个方面。其中,明确管理目标是规划阶段的核心内容。其次是实施环节,这一阶段主要涉及管理者发挥各种管理功能,如指挥、控制、协调等,具体包括组织结构的搭建、制度设计、资源调配、行为指导、关系协调以及激励策略等。这些手段和行为的最终目的是确保资源(如人员、资金和物资等)之间的有效协同,以便实现预设的管理目标。再次是监控环节,这一阶段主要涉及对实施阶段管理的审计和加强,两个环节紧密结合。其内容主要包括建立反馈机制、提供实时信息,这样能确保达到规划阶段设定的目标。此外,监控也可以作为一种特殊的评价机制,用于检测规划环节制定的内容是否需要根据实时变化进行相应的调整或补充。最后是评估环节,这是对前三个环

节的全面审查，并根据预设目标对管理全过程以及最终效果进行综合评价的环节，而且这一环节是对过去管理活动的反思，也为未来的规划提供了重要依据，可谓承上启下。总体而言，在整个高等教育管理过程中，管理目标至关重要，一切管理活动都是为了实现管理目标，它决定了管理全过程的方向，乃至每个管理环节的内容。管理者需时刻牢记管理目标，并确保所有管理活动都是为了达到这一目标，如果过于沉溺于日常运营而忽视长期目标，将可能导致管理活动偏离正确的轨道。

（二）目标管理

目标管理是一种以目的为核心的管理策略，主要内容包括：管理层与执行层依据组织任务共同确立管理目标，然后将这些目标拆分为各个部门和个人的具体目标；激励各单位和所有成员自发地致力于达成所设定的目标；以这些设定目标为依据，对工作进度进行跟踪，对成效进行评价，并据此执行相应的奖惩机制。

高等教育管理有其独特的复杂性和不可预测性。主要原因有以下几点：首先，教育的周期较长，导致其管理效果和社会收益需要经历较长时间跨度后才能体现。其次，教育工作主要依赖于教师的个体努力，这种职业活动具有显著的自主性，与制造业的严格分工有显著差异。最后，与传统工业产品不同，高等教育的"成果"（即学生）无法被轻易标准化或量化，再加上不同学生的个性、思维和智力存在一定差异，导致教学和管理都需要定制化方法，这些都使管理的复杂性和挑战性进一步增强。因此，在高等教育领域，最佳的管理策略应该是将过程管理与目标管理相结合，以应对这一系列特殊性和复杂性。

五、管理与服务相统一的规律

从本质上看，管理具备两个核心职责：一是协调和操控生产关系；二是组织生产过程。这两个职能在实践中通常被归纳为管理和服务功能，尽管各有特色，但它们是辩证统一的，既相互关联，又相互促进。出色的服务有助于强化管理，而高效、科学的管理反过来也是优质服务的体现。

针对高等教育管理，特别需要依据其独特属性来平衡管理与服务之间的关系，这其中的关键在于如何恰当地对待和激励教育工作人员，尤其是高校里的教师群体。高等学校的教师不仅是主要的管理对象，也是主要的服务对象。因此，高等学校需深入了解和尊重教师，尊重他们的个性，理解他们独立劳动和独立思考的习惯，以及他们对事物持有批判性和真实性的观点，并对他们的专业成就给予合理的评价和充分的认可。

另外，在高等教育管理中，平衡管理与服务的关系还要求在对高层管理者和广大师生群体负责的方面达到一种统一。遵循上级管理机构的指导和规定是必要而且通常也是容易做到的一部分。然而，高等教育管理的长远发展依赖于广大师生，仅仅对上层机构负责而忽视了基层群体，将无法有效解决实际问题，也会削减教师的工作热情，从而对高等教育管理产生不利影响。

第二章

大学生思想政治教育研究

第一节　大学生思想政治教育的原则与方法

一、大学生思想政治教育的原则

（一）方向原则

大学生思想政治教育的方向原则指的是大学生思想政治教育要以中国特色社会主义、共产主义为方向，同时保持与中国共产党的纲领、政策、方针、路线一致。方向原则是大学生思想政治教育最根本的原则之一。

坚持方向原则要做到以下几点。

1.坚持方向原则要成为所有与大学生思想政治教育相关人员的普遍认知

具体表现在以下几个方面：一是所有大学生思想政治教育工作要清楚，如果大学生思想政治教育与中国特色社会主义、共产主义方向发生偏离，就意味着这种思想政治教育是错误的；二是高校各级党政部门、各级领导要清楚，我国大学必须坚持走社会主义道路，以培养中国特色社会主义事业的建设者和接班人为首要任务；三是要使大学生认识到，坚持中国特色社会主义方向，是大学生思想政治素质的首要内容，是大学生成为中国特色社会主义事业建设者和接班人的必要前提，并且有利于大学生个人的全面发展。

2.坚持方向原则要讲求科学性

大学生思想政治教育者在开展教育工作时要努力实现原则与方法的有机结合，要落实教育工作坚持政治方向的正确性，并将其落实到大学生的日常学习生活中，渗透到大学生思想政治教育的方方面面。

3.坚持方向原则要始终如一

不仅思想政治理论课的教学应如此，大学生日常思想政治教育也应如此；不仅现在要如此，将来任何时候都应如此。在大学生思想政治教育的任何阶段或任何环节上都不放松，大学生思想政治教育才不会偏离正确的政治方向。

（二）疏导原则

大学生思想政治教育的疏导原则指的是在大学生思想政治教育者在开展教育工作时必须遵循大学生思想政治素质形成的发展规律，发挥自身引导作用，疏通大学生的思想。就是要求大学生思想政治教育者运用大学生思想政治素质形成发展的规律进行疏通和引导。所谓的疏通其实就是为大学生创造一个畅所欲言的环境，保证他们能发表自己的观点及意见；或者通过教育释疑解惑。引导，就是肯定大学生的正确意见和正确的行为表现，针对大学生的思想症结，加以正确的和积极的教育引导。把疏通与引导有机地结合起来，在疏的基础上导，在导的要求下疏，便是疏导。

坚持疏导原则，必须力求做到以下几点。

1.要正确认识疏与导的辩证关系

疏是导的基础，导是疏的升华；疏是手段，导是目的。离开导，就会导致放任自流，疏就会失去目标和意义；离开疏，导就会失去前提和基础。二者互为保证，互相包含，辩证统一。"导而不疏"，或者"疏而不导"，都会割裂二者的辩证统一。

2.要注意运用科学的方法

民主的方法、讨论的方法、批评的方法和说服教育的方法，都是疏导的基本方法。当然，疏导的方法并不仅仅是这四种。在实际疏导工作中，可以借鉴其他方法，也可以创造有价值的新方法。大学生思想政治教育者可以按照"一把钥匙开一把锁"原理，针对不同对象、不同问题、不同场合，采取不同的疏导方法。

3.要积极开展批评与自我批评

那种认为疏导不包括思想斗争、不包括批评的观点是不对的。

4.要注意"软硬兼施"

疏导的对立面是堵塞。似乎一讲疏导，就应排斥堵塞，其实不然。因为必要的堵塞是疏导的应有之义。疏导也包括运用法律的手段。必要时要采取一些行政手段和法律手段。在大学生思想政治教育疏导工作中，必要的堵塞的道理，与江河水流过程中必要的堵塞的道理是一样的。在大学生思想政治教育中，建立和完善规章制度，辅之以必要的法治手段、行政手段，明确告诉大学生什么可为，什么不可为，如果违规违法，就会受到批评、制裁和舆论的谴责，这些都是明显的堵塞。当然，堵塞要讲究策略和方法，切忌瞎堵、乱堵。

（三）层次原则

大学生思想政治教育的层次原则指的是大学生思想政治教育者要根据每个大学生的实际思想政治觉悟情况开展教育工作，因材施教，分级进行。

由于大学生个体成长背景的不同、所处环境影响的不同和个人修养努力的程度不同，决定了大学生个体思想政治觉悟处于不同的层次。因此，只有区分层次，针对差异区别对待，才能增强教育的针对性和实效性。

坚持层次原则要做到以下几点。

1.明确层次划分

通常情况下，坚持层次原则需要先将大学生划分为多个层次，这个过程不仅十分艰难，还具有极高的科学性要求。具体步骤为：首先，对所有大学生进行调查，清楚每个学生的思想政治觉悟情况；其次，根据学生的思想政治觉悟情况设定划分标准；最后，根据设定的标准划分大学生的层次。

2.确定每个层次学生的共同特点

根据对学生的调查结果和分层标准确定每个层次的学生的共同特点，结合其他可能影响教育工作的因素确定教育目标、教育内容和教育方法。

3.避免层级固化

层次原则中的"层次"并不意味着将所有学生划分为多个等级，这种层次的区别只是相对的，要坚决避免层级固化。而且这种层次的划分并非永久固定,而是动态的,只是针对当时情况而划分的,经过教育甚至在教育过程中就会有所变动。具体到某个人身上就更难准确地确定他属于哪一层次。按层次进行思想政治教育,可以在一定程度上保证教育工作满足所有大学生的教育需求,同时可以对相应层次的大学生进行针对性教育,实现教育效果的最大化。

(四)实事求是原则

大学生思想政治教育的实事求是原则指的是大学生思想政治教育工作的开展要以实际为出发点,绝对不能将理论和实际割裂开,去发现和掌握大学生思想政治教育规律,以提高教育的针对性和实效性。

坚持实事求原则要求做到以下几点。

1.要有求实的精神

大学生思想政治教育者应该在工作中努力做到不唯上、不唯书、不唯心,只唯实。要老老实实深入学生、深入社会,搞好调查研究,说实话、办实事,不隐讳困难、问题或错误,不弄虚作假,不搞浮夸,不哗众取宠。

2.要在解决思想问题的同时解决实际问题

大学生思想政治教育的主要作用是解决大学生存在的思想问题,这种问题主要分为两大类,分别是思想认识问题和思想意识问题。这两类问题在现实生活中一般不会单独出现,而是有机交织在一起的,共同构成大学生的思想问题。因此,想要顺利解决大学生的思想问题,首先要做的就是对大学生进行调查研究,然后提升其思想觉悟,可以通过开展多种形式的教育活动帮助大学生克服各种不健康的思想认识和意识。解决大学生思想问题的过程,就是一个"求实"和"求是"的过程。

3.要讲究方法

"求实"和"求是"的过程都离不开科学的方法。方法正确,才能很好地实现"求实"和"求是",提高"求实"和"求是"的效率。

4.要勇于创新

"求实"和"求是"都是一种创造性劳动。大学生思想政治教育的发展是由社会和大学生思想政治素质的发展和变化决定的。这种发展变化决定了大学生思想政治教育的实事求是是发展变化中的实事求是。大学生思想政治教育者只有不断地使自己的思想符合变化了的实际，才能真正做到实事求是。如果没有创新意识和创新能力，是很难做到这一点的。而且，进行"求实"或"求是"，目的是要引导大学生的思想政治素质转变、升华和发展，这就要求大学生思想政治教育工作者在工作开展过程中积极创新，既要实现理论创新、体制创新，也要实现教育内容、教育方法的创新。

（五）渗透原则

大学生思想政治教育的渗透原则指的是大学生思想政治教育工作不能一直停留在课堂教学中，还要渗透到管理、科研等工作以及各种影响教育工作的因素及方式中，实现多工作的有机结合，在潜移默化间循序渐进地进行。

坚持渗透原则应注意以下几点。

1.要协调好各方面的关系，以形成教育合力

渗透教育是一种综合性教育，要使各方面教育力量形成教育合力，就要做好协调关系的工作。根据教书育人、服务育人和管理育人的全员育人的大学办学理念，在学校党委的统一领导下，大致确定学校党、政、工、团等各自的思想政治教育职责和任务，使各个方面都结合着各自的业务工作去开展大学生思想政治教育。大学生思想政治教育者则应深入学校各部门和各环节，具体做好协调关系的工作，力争形成一个运转正常有序的大学生思想政治教育合力。

2.要潜移默化，寓教于无形

渗透教育必须要渗透到大学生的日常生活和社会活动中，潜移默化地获得教育效果，即通过人为创设的思想政治教育氛围，使大学生在不知不觉中自然而然地受到教育熏陶。这是一项细致的系统性的工作，需要学校各方面和社会各方面统一认识，通过各自的业务途径与形式，向同一方向对大学生施加渗透教育影响。

3.要循序渐进

渗透原则强调"春风化雨，点滴入土"式教育，这里的关键是要循序渐

进。要做到循序渐进，关键在于遵循以下四个原则：一要适情、适时、适度。所谓适情指的是要以大学生的思想基础和实际情况为出发点；适时即要注意选择时机、因势利导；适度即渗透的力度、深浅要适当。二要由浅入深，由易到难，由低到高，渐次推进，切忌急躁。三要搞好各个教育阶段的衔接。四要抓好预防教育和反复教育。

4.要进行反渗透

我们对大学生进行思想政治的渗透，敌对势力，反动的、腐朽没落的思想意识也会对大学生进行思想政治的渗透。大学生思想政治教育者务必教导学生养成反渗透意识，抵制那些反动的、腐朽没落的思想意识对自身的侵蚀。大学生思想政治教育者按照渗透原则的要求做好了渗透工作，就是最好的反渗透。

（六）主体原则

大学生思想政治教育的主体原则指的是大学生思想政治教育者需要认可大学生的主体地位，认可他们是教育的主要对象，是教育目标实现的关键，通过各种方式激发他们进行自我教育，从而实现大学生思想政治教育目标的行为准则。

坚持主体原则，主要应做到以下几点。

1.要重视施教对象的主体地位

大学生思想政治教育的过程是教育者和受教育者的双向互动过程，是教育者开展教育活动、受教育者接受教育活动并发生自我活动的过程。因此，大学生思想政治教育者尊重、重视受教育者的主体地位，必须克服以往不够重视的错误倾向。

2.要求以提高大学生的自我教育能力为主

大学生思想政治教育者应把教育和自我教育有机结合起来，培养大学生的主体意识和自我教育能力，从而实现由教育向自我教育的转化。

3.要对自我教育进行正确的引导

大学生怎样才能健康成长，朝什么样的方向成长，应当结合大学生思想政治教育的目的。我们要通过恰当的教育行为提升大学生的自我教育能力，也要对大学生进行引导，指引他们开展自我教育，这种引导是重视、尊重大学生主体地位的需要。

（七）激励原则

激励，即激发鼓励。在管理学上，激励指的是通过对人们的内在需求施加刺激实现行为维持、引导、加强的过程或活动。

大学生思想政治教育的激励原则指的是大学生思想政治教育者通过使用恰当的激励措施刺激大学生主动接受思想政治教育，提升思想政治素质修养，同时主动将教育要求视作大学生个人的内在需求，并为之刻苦努力，从而达到大学生思想政治教育目的的工作准则。

坚持激励原则要做到以下几点。

1.激励目标应与大学生思想政治教育目标相一致

在运用这一原则时，要避免脱离提高大学生思想政治觉悟的目的，而单纯满足大学生需要的错误激励，因为这背离了大学生思想政治教育的激励原则确立的初衷。

2.要正确把握大学生的思想政治素质修养需要

特别是要把握大学生这方面潜在的、可能大学生个体还没有意识到的需要，从而去启发、诱导出这种需要。

3.采用不同的激励方式

对不同大学生采用的激励方式、激励程度乃至激励频率都是结合学生的具体情况做出的最恰当的选择，也可以综合使用多种激励形式实现激励效果最大化。为此，需要做到三个结合：一是要把物质性激励与精神性激励结合起来，以精神性激励为主，因为精神需要比物质需要对大学生的行为的激励作用更持久，更重要的是要借助激励实现大学生需求层次的提升；二是要把正面教育和反面教育结合起来，以正面教育为主，让大学生主动做出正确的选择，见贤思齐、择善而从；三是要把表扬教育和批评教育结合起来，同时注意表扬教育和批评教育并重。要知道，表扬教育属于正激励，它积极地肯定大学生行为的正确性，能够激励大学生进一步奋发向上；批评教育属于负激励，从反面起到警示、制止大学生的错误行为的作用。为求得激励形成机制，需要把这三种结合制度化、经常化。

（八）示范原则

大学生思想政治教育的示范原则指的是大学生思想政治教育者充分发挥自身的榜样作用或优秀楷模的作用，对大学生进行思想政治教育的工作准则。

坚持示范原则要做到以下几点。

1.树立先进典型

要积极寻找大学生身边的优秀人物，并将其树立为先进典型，广泛宣扬他们的优秀事迹。大学生身边的典型是和大学生在同一空间的工作、学习和生活中产生的。因此，大学生思想政治教育者要主动融入学生群体，深入地调查研究，以便于及时获悉并树立先进典型。同时，要实事求是地宣传他们的先进事迹，不能任意拔高夸张，更不能张冠李戴。此外，要关心爱护这些典型，使先进保持先进或更加先进。

2.要引导大学生对先进典型进行学习，且保证学习的正确性

对大学生来讲，学习先进典型并不意味着单纯地模仿其行为，而是要发掘其先进行为的内在思想和精神内涵；学习先进典型要主动剖析其先进行为，发现自身的不足，同时将其先进思想与自身思想有机结合在一起；当一个学生被树立为先进典型时并不代表他的所有行为都是正确的，因此我们在学习时绝对不能求全责备，只学习其先进事迹即可；杜绝对先进典型的学习生出逆反心理、明目张胆的妒贤嫉能。

3.营造氛围

要努力和善于创造先进光荣的舆论氛围，营造学习先进、赶超先进、见贤思齐的生动局面。

4.以身作则

大学生思想政治教育者要搞好自身修养，以身作则，率先垂范，要身教重

于言教，使自己成为大学生的学习榜样，成为大学生的人生导师。做到"凡是要求大学生做到的，自己首先做到；凡是要求大学生不做的，自己首先不做"。同时，要做到发挥自身的模范作用，用完美的形象和人格力量影响大学生。

二、大学生思想政治教育的方法

（一）大学生思想政治教育方法的含义

思想政治教育方法是一个多层次、多维度的概念。在广义视角下，它指的是思想政治教育工作者为影响和塑造学生思想和行为所运用的一整套的工具、手段、流程和形式等。这种方法是思想政治教育工作者实现教育目标所必需的工具性、媒介性和关系性因素。在狭义视角下，它指的是思想政治教育工作者在思想政治教育或教学过程中应用的具体策略。

针对大学生群体的思想政治教育方法是大学生思想政治教育方法的一种特殊化的实践应用，是教育者与大学生互动的连接通道，负责传达教育内容并实现预定的教育目标，主要包含思想教育、政治教育和道德教育。这种方法是在长期针对大学生进行思想政治教育的实践中经过不断地总结、提炼而形成的有效策略，对于整个思想政治教育领域的丰富和发展具有积极影响。因此，思想政治教育方法虽然是一个普遍适用的框架，但在应用于大学生教育时就会转化为在特定场景下的实用策略，这是由大学生这一特殊教育对象决定的。

（二）大学生思想政治教育的基本方法

1.理论教育法

理论教育法也称为理论学习法和理论灌输法，指的是教育者以教育目的为出发点按照一定的方式将道德、政治、思想等知识教授给受教者，帮助其树立正确的价值观、人生观、世界观以及道德观的方法。应用这种方法最关键的步骤就是让受教者（在高校主要是大学生）树立科学的、正确的理论，能够让教育对象在马克思主义的正确指引下，对党的路线方针政策有一个全面的了解，从而使个人的思想不断充实，不断提高。

理论教育法又可以分为以下几种。

（1）理论学习法。理论学习法主要是了解、掌握并运用马克思主义的原理和观点。理论学习是最常见的阅读方式之一，如对报纸、书籍以及网络知识的阅读学习。读书活动是引导人们自己学习、思考、运用的一种自我教育方式。在大学生思想政治教育方面，读书活动所涉及的内容是很多的，有政治理论、历史知识、法律知识、伦理道德、人生修养等，这些内容要同思想实际、工作实际相结合。

（2）讲授讲解法。从专业视角来看，讲授讲解法是对大学生进行思想政治教育使用次数最多且最常见的教学方法之一。该方法主要通过严谨有序的道理、事实等向学生讲授政治思想、讲解理论知识，属于绝对的以理服人。要知道，只有经过实践的、彻底的理论才能说服群众，进而真正与群众融为一体。此处的彻底指的是理论是在事物发展实践的基础上得出的。对大学生进行思想政治教育其实就是在讲理，通过讲理让学生敞开心扉，这一过程应用讲授讲解法最合适，尤其在学习系统化的马克思主义理论以及阐释、传播党的方针、政策的过程中。

高校教育者想要应用此种教学方法务必关注以下几个关键方面：首先，所讲授的内容和观念必须是科学的、准确的，要确保所述事实与最终结论之间的一致性。其次，教学内容不仅要全面和系统，而且需要聚焦于关键点和解决复杂问题。最后，教学方法应偏向启发式和逐步引导的方式，以避免死记硬背和机械式的灌输，同时要密切关注学生的学习反应和成效。

（3）宣传教育法。宣传教育法是指运用大众传播媒介向大学生传播正确理论和先进思想的方法，既有理论的阐述与辅导，也有典型的学习、运用示范。

专题讲座法是思想政治教育者就某个专门的思想政治问题进行系统的讲述，从而使大学生对这一问题产生系统的思想认识。专题讲座的专题大多是选择大学生关心的思想政治热点问题。通过听专题报告或讲座，大学生能获得对这一问题的系统正确的认识。专题讲座法是大学生思想政治教育中经常运用的一种形式，一般分两个阶段进行：先是由讲座人就专题进行系统讲授，然后留适当的时间与大学生进行双向的思想交流，当场回答大学生提出的问题。

（4）个别谈心法。个别谈心法也叫谈话法，是教育者采用交谈的方式，引导教育对象运用事实、经验和政治理论、道德原则，分析和解决思想问题和现实问题的方法。这种在个别交谈中进行的教育方法，不仅能够彼此沟通思想、交流感情、增强信赖，从而解除教育对象的思想顾虑，把思想脉搏搞清楚，而且易于集中教育对象的注意力，启发教育对象开展积极主动的思维活动和思想斗争，增强教育针对性，提升教育效果。实施个别谈心法需要注意以下四个方面：一是谈话要富有感情，善于同教育对象交朋友；二是根据外界环境的状况和教育对象思想实际选择合适的谈心时机；三是注意掌握谈心的合理程序，即导入、转接、正题和结束，并在不同阶段处理好相应任务，从而使谈心顺利有效地进行；四是对于谈心中了解到的情况，如果是对方要求保密而又必须在一定组织范围内加以解决的问题，应严格组织纪律，不得任意扩大传播范围。

2.实践教育法

从专业角度分析，实践教育法是一种目标明确、计划周密的教育方法。该方法是以教育目的为出发点，按照一定程度组织受教育者参与各类有意义的实践活动，使其在行动中学习知识，塑造良好的道德观，养成良好的行为习惯的方法。这一方法注重实践，期冀通过实践促使学生形成正确的认知，提升个人能力，同时培养出积极的生活习惯。

实践教育法的实质是人的个性思想品质社会化的过程。随着社会的发展，实践教育也在不断拓展社会领域，不断扩展实施范围，不断丰富具体实施方式。当前，这些具体方式主要有以下几种。

（1）劳动教育法。劳动教育法就是让受教育者从事一定量和一定程度的生产劳动，使之在劳动过程中树立正确的劳动观念，并培养热爱劳动、亲近劳动人民的感情。中华人民共和国成立初期对知识分子的思想政治教育是劳动教育法最典型的例子。在社会主义条件下，人人都需要思想改造，知识分子更是如此。当时对知识分子思想改造的主要途径是引导知识分子与生产实践相结合，与工农相结合，在结合的过程中确立正确的政治立场和思想观念，磨炼意志和锤炼作风，以利于为社会做出更大贡献。

（2）社会考察法。社会考察法是思想政治教育常用的一种教育方法。社会考察法主要针对的是社会现象和社会问题，通过专业的分析提升受教育者的思想认识。社会考察法要求受教育者对将要分析的社会现象有一定的认识，并在分析的过程中提出自己的看法与疑问，从而使其能够更加深刻地理解所分析的社会事件，提高其分辨能力。社会考察的范围非常广泛，可以通过各种形式来实现，如参加爱国主义教育展览、长征精神教育展览、参观革命故地和名胜古迹等。让受教育者参加实践考察的目的是让他们通过自己的观察与分析得到最直观的认识，提高他们分析问题和解决问题的能力。因此，在现代思想政治教育中，在对受教育者进行理论基础教育的同时，也要重视思想政治教育实践教育的作用，只有将二者进行有机的结合，双管齐下，才能更高效地提高受教育者的思想政治素质。

在思想政治教育中实施社会考察法有以下几个步骤：第一步，深入社会观察。要了解实际情况，就应当首先了解某一社会现象或问题的存在方式和状况，这要求受教育者一定要自己动手、动脑去接触社会，认识社会，虚心请教，以获得客观而丰富的第一手资料。这类考察方式一般适用于对国内国际的重大事件或社会重大问题的分析研究。第二步，参与社会体察。如果说在社会观察中受教育者作为客观第三方进行观察，那么参与社会体察就是受教育者完全参与到所考察的对象的活动中，作为考察对象中的一部分去亲身体验。亲身体验得来的经验材料较之观察得来的经验材料更深刻，当然也更富有感情色彩。这类考察方式一般适用于对某阶层的工作、生活状况的考察。第三步，联系社会调查。通过设计调查问卷、调查问题、确定调查对象、安排专门的时间进行问卷填写或采访的方式，获得第一手资料，这是目前最常采用的调查方式，适用于考察某一社会群体对某类问题的看法或观点、考察社会热点问题等。

（3）服务体验法。服务体验法也叫社会服务法，就是通过让受教育者运用自身具备的知识和技能等素质，尽全力为社会提供服务，解决人们在日常生活、学习和工作中遇到的问题，可以在为社会做贡献的同时接受社会的教育，形成正确道德观、责任观。服务体验法的具体方式是多种多样的。站在不同的角度划分一般会有不同的划分类型。按服务的方式划分有着眼于讲文明树新风开展的志愿服务活动、着眼于扶危济困开展的志愿服务活动、着眼于大型社会活动开展的志愿服务等；按服务的内容划分有生产服务、生活服务、信息服务等；按服务的主体划分有党员志愿者、红十字志愿者、青年志愿者、社区志愿者等。

3.激励教育法

激励一词含有激发动机、鼓励行为、形成动力的意思。思想政治教育中的激励方法指的是思想政治教育者根据受教育者的具体需要施以相应的激励手段，以达到调动受教育者潜能的方法。

激励主要分为两大类：第一类是奖品、奖金等物质奖励，称为物质激励；第二类是奖牌、奖状以及荣誉称号等虚拟奖励，称为精神激励。物质激励和精神激励互为补充，相辅相成，缺一不可。

激励教育方法的依据是以人的需要作为客观依据的。所谓需要，是指人们在社会生活中必要的事、物在头脑中的反映，以及由此而产生的欲望和要求，通常以愿望、意向、兴趣、物质等形式表现出来。它是人的思想和行为的基本动力。激励教育方法就是通过着眼于人的"内在短缺"和"外在目标"来研究对人的激励。由此可见，需要不仅对人的驱动力很大，而且是人的一种客观的心理反应。具体来说，激励教育法主要包括以下几种。

（1）情感激励。情感激励就是通过多形式多渠道触及受教育者的内心世界，培养健康情感，提高理性认识的一种方法。在现实生活中，感情对人的认识活动有着极大的影响，它为做好思想政治教育创造了重要条件。要充分利用感情的力量，寓理于情，使人们放下对思想政治教育"说教"的"戒心"，在毫无觉察的情况下，让思想政治教育潜移默化地渗透到人们的心中。

（2）物质激励。物质激励就是对为国家和社会有重大贡献的人们，给以包括颁发奖金和奖品在内的实物奖励。在现实生活中，物质激励有着深厚的社会基础。在合适的时间向人们发放一定的物质激励能大大激发人们的工作积极性，还能调节人们的行为，其效果显著。在思想政治教育中应用物质激励的方式，不仅是必要的，而且是可行的。

（3）表扬激励。表扬激励指的是教育者对受教育者的行为和思想表示明确的认可，并鼓励受教育者继续巩固和发展这种优良品行的方法。表扬激励与思想政治教育的教育目标是一致的，同时，它直接满足了人的精神需求，因而也符合人们的心理特点。思想政治教育者在实施表扬的时候，也要进行广泛的社会宣传，以在更大的范围内激发人们的热情，增强人们的责任感。

（4）榜样激励。榜样激励指的是向受教育者展示、讲解具有深远影响力的正面故事或卓越品德，并以此来激发和影响其教育的一种高效的教育手法。从唯物辩证法的视角分析，这种方法与事物发展不平衡原则是一致的；用社会心理学知识解读，这种方法正好满足人们的模仿和学习心理需求。因此，当教育者在对大学生进行思想政治教育的过程中采用积极的实例作为教育指导时，不仅能增进受教育者的认知水平，也有助于其情感道德的培育、道德意志的强化和行为规范的建立，具备显著的感染力和说服力。

（5）目标激励。人的需要只有指向某种特定目标时，才能变成行为的动机；而人的需要一旦转化为动机，就会形成一种促使自己发奋的内在力量。因此，目标是影响人的行为的重要因素。目标激励是思想政治激励教育法的形式之一。但是在大学生思想政治教育过程中，引导人们设置目标时要注意两个问题。一是合理性。这种合理性体现在两个方面：一方面，目标要有一定的难度，但经过努力又是可以实现的；另一方面，个人目标要与社会目标乃至国家目标保持一致，且前者不能对后者造成损害，同时所有目标都要实现。二是期望性。根据行为科学的"期望理论"，人的需要是有目标的，但当目标还没有实现的时候，这种需要还只是一种期望，而期望本身就是调动人的积极性的力量。在期望理论中，目标效值和期望概率越大，激励力量也就越大，其公式如下：激励力量=效值×期望概率（其中，效值即目标价值，指满足个人需要的程度；期望概率即期望性，指目标实现可能性的大小）。由此可见，目标既不能过高，也不能过低，否则就会失去激励的作用。

此外，兴趣激励也是一种重要的激励方式。兴趣往往是推动人们求知的一种力量。人们对自己感兴趣的事物，总是力求认识它、研究它。在思想政治教育中，激发起受教育者的兴趣，能够收到事半功倍的效果。

就激励方式而言，还可以举出很多种。上述几种激励方式是比较常用的方式，它们是互相联系、互相渗透的。思想政治教育者在实施激励教育的过程中，总体上既要有利益的关怀、情感的熏陶，又要有思想的共鸣、道德的感化；同时要因时制宜、因事制宜、因人制宜、因地制宜，使用合理的激励方式，晓之以理、动之以情，实现真正的激励教育。

（三）大学生思想政治教育创新方法

1.心理疏导法

心理疏导法是一种基于健康师生关系的特殊的教育手段，它重点关注受教育者的心理状态和遇到的难题，通过教师的引导以及师生的相互理解、互动解决受教育者的心理障碍，促进其身心健康发展的教育方法。在这个过程中，教育者应当以关怀、尊重和照顾受教育者为核心，深入了解他们的心理状况和心理问题，同时双方一同探究形成心理障碍的根源和过程，鼓励受教育者主动克服这些心理障碍。

运用心理疏导方法，要合理利用和掌握以下要点：一是教育者要与教育对象和谐相处，在轻松、愉快、幽默的氛围中完成心理疏导；二是要科学地对咨询者的心理问题进行分析，帮助其厘清问题产生的根源，并从中寻找解决心理问题的方法；三是要充分尊重教育对象在交流中的主体地位，调动和激发他们的积极性，并帮助他们树立战胜困难的信心；四是培养教育对象自我认知、自我分析、自我改善的能力，帮助他们建立起科学自我提升途径。

2.交友谈心法

交友谈心法其实就是教育者与受教育者成为朋友，然后通过触及内心的交流抒发其内心的烦恼，让他们在彼此的交流中找回自己正常的生活、工作和学习的轨迹。这一方法要求教育者必须要真正关心教育对象，赢得他们的信任，并在此基础之上帮助受教育者逐渐走出误区。

3.预防教育法

预防教育法是一种在事先进行的可以提前解决大学生将要出现的问题或避免大学生可能出现的思想或行为问题的方法。这种教育方法在大学中使用次数非常多，可以说大学生大多数的思想政治教育采用的都是这类方法。预防教育法的主要形式包括以下几种。

（1）全面性预防。这种方法通常出现在社会或学校环境发生显著变化时，是在大多数大学生出现问题或问题扩大之前进行干预。比如，在学校发生重大事件、社会舆论出现转折、国家政策突然调整、体制突然转变等情况发生时可以及时对大学生进行预防教育，保证大学生群体的思想发展趋向不发生偏离。由此可见，这种方法效果显著，对实现学校平稳发展有重要作用。这种方法在使用时要求教育者密切关注学生的需求和心理状况，主动解决潜在的问题，并引导他们朝着正向发展。

（2）针对性预防。这种方法重点关注特定的个体、事件或敏感时期和问题，通过事先教育有效避免或减少可能出现的问题。由于每个大学生的生活环境、个性、性格、兴趣爱好、经济情况、家庭等都存在一定的差异，所以教育者在采用针对性预防时必须根据学生的具体情况进行精细化的分析和判断，同时结合客观环境找到出现问题的关键因素，并在这些因素出现之前进行有针对性的教育和引导。

4.感染熏陶法

感染熏陶法是指思想政治教育者充分利用教育情境和社会环境，对大学生进行思想政治上的感染和熏陶的方法。感染熏陶法是渗透原则的重要体现，具有非强制性、隐蔽性，能够寓理于情、以情感人，能使大学生在不知不觉中受到教育。感染教育法的形式主要包括以下几种。

（1）艺术熏陶法。艺术熏陶法是指借助影视、文学、舞蹈、音乐、美术等艺术手段开展相关思想政治教育活动，使大学生从中受到感染、熏陶。艺感染法把大学生思想政治教育贯穿在直观形象、生动具体、感染力强的文化娱乐活动中，融思想性、艺术性于一体，富于潜移默化的作用，为大学生所喜闻乐见，有利于增强思想政治教育的吸引力，扩大思想政治教育的覆盖面。

运用艺术熏陶法，教育者要注意加强自身修养，善于选择和利用环境中的积极因素，消除不良因素，创设良好的教育环境，并且与说理等其他方法一同使用，确保思想政治教育工作顺利开展。

（2）榜样教育法。榜样教育法是指以先进人物的先进事迹为模范，通过树立先进典型，教育人们提高思想政治觉悟的一种方法。换言之，就是利用具体的成功事例或人物榜样代替空口说教，激发学生的情感共鸣和行为模仿，从而促进其自我提升。这种方法特别适用于大学生群体，是一种高效的教育方法。

榜样教育法主要包括两个方面：一是教育者以自己为榜样，以自身的理想信念、道德品质、态度作风、学识成就来感染大学生；二是运用录像、电影等多媒体形式宣传先进典型、组织大学生听英模事迹的报告等，使大学生在这种创设的情境中受到感染和熏陶。

教育者在应用榜样教育法时首先要做的就是寻找、树立并推广正面榜样。通常情况下，榜样都源于日常生活，这就需要教育者深入生活，认真地观察和分析，以便找出能够引发学生共鸣的优秀个体或事例。这些模范都是具有可塑性和可达性的实际人物，可以增加学生的认同感和模仿意愿。其次，教育者在应用这种方法时需要精心设计，尝试将模范的精神品质而非单一行为融入学生的具体生活和学习场景，学生应被引导去理解和吸收榜样背后的核心价值观和精神，而不仅仅是复制其行为模式。

第二节　大学生思想政治教育协同创新研究

一、大学生思想政治教育协同创新的内涵

（一）协同创新的含义

协同这一概念最早是由物理学家赫尔曼·哈肯（Hermann Haken）提出的，彼得·葛洛（Peter A. Gloor）以其为基础提出了协同创新这一理念。哈肯提出，协同主要是指在一起完成某目标的过程中，不同主体之间通过相互间合作、协调，实现突破各自能力限制的总体能力提升和绩效增大的现象[1]。近年来，得益于科技和社会进步的驱动，协同学已与多个学科产生了交集，并在社会不断发展、不断创新的过程中推动了协同与创新概念的融合。协同创新框关注点集中在不同参与方之间的相互关联和联合创新活动，以此来促进新颖的思维模式、发展路径和具体成果的诞生。思想政治教育范畴内的协同创新也不例外，只不过它是围绕思想政治教育总体目标，综合各类教育资源和力量，借助多方参与和多因素交互来实现教育效能的集约化提升。

由上可知，协同创新指的是一个综合系统内有共同目标的子系统通过要素整合和信息流通等协同实践，实现协同发展，构建契合当代发展需求的合作机制。这一过程强调资源优化、优势互补和持续改进，以实现系统最优化。与其他实践方式相比，协同创新具有高度的整合能力和适应性，而且协同与创新之间的关系是相互促进的。协同创新不仅是一个多要素、多功能系统的内部要素的简单组合，还是一个目标明确、规律性强、深度融合的过程。这种深度融合主要体现在两个方面：首先是各种资源如人力、物力、财力等的整合、活化以及重新分配，以便于创造新的资源服务于主体的新需求；其次是系统内部各个

---

[1] 哈肯.大自然成功的奥秘：协同学[M].凌复华，译.上海：上海译文出版社，2018：20-37.

子系统和要素之间的相互影响和有机融合,以及与外界环境进行有效的沟通和协作,从而产生更大的整体效应。

(二)大学生思想政治教育协同创新的含义

在高等教育领域,大学生通过自我驱动的方式构建个人知识体系,同时大脑接受、筛选外部信息和知识并进行选择性吸收,经细化后实现知识内化和应用。如今的思想政治教育不应局限于传统的课堂教学模式,因为大学生的思想品德并不会因为上了一堂课就得到提升,思想和道德的真正成长需要在实际生活和社会实践中不断的锤炼和总结,最终形成正确的认知,塑造良好的品行。实际上,思想政治教育是一个全方位、多维度的教育过程,不仅体现在专门的政治理论课程中,而且渗透于日常教育活动中,只不过所有的育人哲理都在潜移默化间发挥作用。这就要求高校教师必须严格规范自身行为,为学生树立正确的榜样,以确保教育不仅传授知识和技能,还能在思想层面产生积极影响。实现知识传授和品德教育在教学过程中的平衡与统一。

当代大学生大都是在一个多维的教育环境中成长的,会受到课堂、校园和社会多重因素的影响。因此,教育研究应从多个角度分析这些影响因素的具体作用,并考虑如何有效整合它们以促进学生在思想政治方面的全面发展。为了真正做到个性化教育,教育者需要关注学生的心理和情感需求,而不仅仅是学术成绩或表现。更重要的是,从情感认同、信息传递到协同学习等多个方面来构建和优化思想政治教育过程。这样做不仅有助于学生更好地理解和接受相关知识,而且能够加强他们的情感投入和认同感。换言之,教育者应当基于学生的具体情况和心理需求来设定教学目标,更加人本化地进行教学活动,开展教学工作。

在当代高等教育体系中,思想政治教育的责任并不局限于特定的教学人员或课程。事实上,这是一项涉及全体校园教职工,从教学到管理,乃至后勤服务人员的集体使命。每一位校园成员都应具备相应的教育观念和责任感,而不仅仅是传统意义上的政治教育人员或行政领导。这种全面参与不仅强化了教育实践，还为构建一个立体、多元的教育环境提供了基础。在这个背景下，教育主体已经不仅仅局限于学校内部，而是逐渐扩展至包括家庭、政府部门、企业和社会组织等多元化的外部实体。这种广泛的参与不仅增加了育人工作的复杂性，也为其带来了更多资源和可能性。内容层面上，思想政治教育早已超越了单一的课堂讲授，成为一个跨学科、跨领域的综合体。从基础教育到职业教育乃至成人教育，从课堂教育到线上教学，甚至连虚拟世界都成为思想政治教育的新舞台。当谈到教育环境，我们不仅要考虑如何在各学科教育和政治教育中实现协同，还需关注如何将学校的各方面工作与思想政治教育实现协同，如党的建设工作、科研活动、校园管理、学生服务等，从而创造一个立体的、多维的有利于学生全面发展的教育氛围。通过整合校内外的各种资源和信息，以一个全方位的"十大育人"体系为支撑，我们可以提高教育质量和教育效果，使一个多领域、多角度的协同教育模式能够有效地运转，形成全新的、多领域协同育人的新机制，确保高校在人才培养方面达到更高的效能。

二、大学生思想政治教育协同创新的协同要素

所谓的要素是对系统内部所有重要对象的统称。在大学生的思想政治教育中，通过精确分析并运用各种协同创新元素能加强内部的相互联系、相互促进和相互约束，实现协同创新效益最大化，从而成功达到思想政治教育的育人目的。协同要素主要分为四部分，分别是目标要素、主体要素、介体要素和环境要素。

（一）目标要素

无论我们想要做出任何行为都必须要有明确的目标，否则这种行为就属于盲动。目的不仅为我们的行为提供方向和理由，也能积极地引导实践活动。现代教育最基础的使命和目标就是培养德智体美全面发展的社会主义建设者和接班人。目标要素在思想政治教育协同创新工作的开展过程中扮演着引领者和

导向者的角色，同时作为评估教学成果的依据激励各参与主体为实现目标而努力。目标要素具有灵活性和适应性，会随着实际状况的变化而变化，甚至目标的执行者也能变身目标的设置者，对思想政治教育的协同创新目标进行有效管理。

随着协同创新观念在高等教育中的日益普及，思想政治教育的协同创新也推动了其他学科的集体进步。因此，将协同创新的基本原理融入实际的教育实践中能有效提高教育质量，进而增强教育从业者的综合素养。大学生思想政治教育协同创新育人实践应以立德树人、实现人的全面发展为主要目标，这样才能持续聚集有共同目的的参与者，激发他们的创造性，使其保持正确的发展轨迹。在教育实践过程中，设定目标不仅要考虑主体因素，还需要综合考虑教育环境、过程特点、教学介体等因素，遵循教育发展规律、学生发展特点，同时结合实际情况保证工作有序开展。目标要素的统筹要充分结合大学生思想政治教育协同创新目标要素的特点，制定相应的目标，以确保目标具有指导性、方向性，为大学生思想政治协同创新工作开展提供必要支持，更好地运用目标要素指导主体要素、介体要素、过程要素与环境要素之间的统筹协同。合理地将目标要素通盘筹划可以确保大学生思想政治教育协同创新始终朝着正确的方向发展，并始终保持在高水平的稳定发展状态。另外，目标要素在制定与管控过程中，也要充分考量大学生思想政治教育协同创新中各要素的具体特点，以确保目标要素具有可行性，指导大学生思想政治教育协同创新的顺利开展。

（二）主体要素

大学生思想政治教育协同创新主体元素主要指与这一教育任务开展有关的组织与个体。这些主体可依据其在教育中的位置不同分为三类，分别是校内主体、校际主体和校外主体。所谓的校内主体指的是高校内部负责思想政治教育的各个角色和组织机构，如代课教师、行政管理人员、支持性服务人员以及这些人所处的部门和机构等。校际主体指的是在不同高校通过强有力的合作实现协同育人的过程中负责教育和管理的人员，如各高校的卓越教育者、辅导人员以及管理层等。校外主体指的是在高校外部承担教育责任的个人、团体或组织，如学生的家庭、商业组织、研究机构和政府职员等。

（三）介体要素

大学生思想政治教育协同创新的介体要素主要指教育主体对教育对象实施思想政治教育的过程要素，如教育观念、应用方法、通路和媒介等。其中，教育观念主要包括正确的价值观、世界观、人生观以及爱国主义和公平性等重要的社会道德观念，这些观念可以引导大学生形成正确的意识形态和思想观念。教育方法除了传统的面授课程，还包括在线课程、社会实践、专家指导以及优秀典范的展示等，这些方法是教育主体在开展思想政治教育过程中使用的主要方法。至于教育通路和媒介，主要指的是教育对象接受思想政治教育使用的各种形式和工具，包括在线平台、社交媒体、实地培训和传统教室等。当代大学生与以往的大学生有明显的个性区别，单一的教育模式已无法满足需求，因此应依据学生的成长特性采用他们更愿意接受的教学方式进行教学，同时与多种教育主体合作，确保思想政治教育能融入学生的整个成长和发展过程中。简言之，既要外化于行，又要内化于心。

（四）环境要素

为全面推动思想政治教育的协同创新进程，环境因素也须纳入考量。这里的"环境"与常规环境理念不同，特指影响人们思想和道德成长，以及支配思想政治教育活动实施的全部外界要素。要知道所有教育活动的发生都离不开适当环境的支持，协调创新也不例外，只有在特定的环境中实现各个组成部分的互动与更新，才能保证协调创新的有序开展。

这种大环境是一种难以察觉但具有潜在影响的育人氛围，可以使身处环境中的个体在不知不觉中接受到道德的熏陶。当然，思想政治教育协同创新无论是目标设立、内容筛选、实施手段，还是整体运行和各教育主体与介体，都或多或少受到所处环境的影响。从宏观角度看，这一环境包括了整体社会背景，涉及政治、文化、经济以及社会观念等；从微观角度看，它主要包括家庭、学校、社交群体以及线上环境等。

近些年，创新已逐渐成为推动社会和经济发展的关键动力。这种以创新为导向的宏观环境对思想政治教育的协同创新具有积极的推动作用，有助于跨越学科界限，整合各方参与者，调集各种资源，共建平台，从而形成一个更加有利的外部环境。这不仅优化了整个思想政治教育的生态状况，也为其协同创新注入了新的活力，共同促使思想政治教育协同创新更加充实和高效。

三、大学生思想政治教育协同创新的协同内容

协同内容主要指研究涉及的所有协同的内容，根据类型不同可分为三部分，分别是队伍协同、机制协调、平台协同。当我们对这三部分协同内容有更全面的理解和掌握时，我们就可以充分发挥协同创新的巨大作用，实现教育育人的伟大目标。

（一）队伍协同

在高等学校中，不同的教育主体（包括但不限于思政课讲师、行政管理人员、专业教授和其他社会参与者）拥有不同的职责和功能。这意味着，实施大学生的思想政治教育协同创新不仅是思政课教育者的任务，还需要各相关方的共同努力。通过举办研讨会、小组讨论、网络课程以及课堂教学等方式可以将协同创新的核心思想传递给所有涉及方，从而确保高校及其工作人员在协同创新方面达成共识，强化思想政治教育在整个教育体系中的核心地位，确保该教育目标贯穿在各类工作任务中，以实现党的高等教育战略方针的有效落实。队伍协同工作可大幅度提高信息流通速度、深化相互沟通有效度、减少沟通成本、增强团队协作效率。例如，思想政治教育者与行政管理人员或专业课教师的协同合作能够确保在学科教学和学生管理中融入思想政治教育元素，这不仅有助于学生更全面地理解相关概念，还能更准确地掌握学生的思想倾向，从而

提高教育的精准性。

（二）机制协同

为了实现大学生思想政治教育协同创新的持续进步，必须构建稳固的物质基础以及制度基础。比如，构建多方参与的沟通和协作机制，确保从教育目标和方向出发，全方位地为思想政治教育服务；构建多方参与的保障机制，在经费、设备、技术和文化资源上达成合作，实现教育成效最大化。在课程设计上，与其他研究机构或企业精诚合作，增设理论与实践、课上与课下相结合的教学环节，既能扩充课堂教学范围，又能提高教学质量。多部门在网络环境下共建在线思想政治教育平台、开展虚拟教学可以充分发挥互联网的时效性和广泛覆盖性，减少教育成本，同时使思想政治教育随着网络不断地、隐形地传播，潜移默化地完成思政育人目标。

（三）平台协同

在育人工作开展过程中不仅应侧重于传统的思想政治教育课程，还应动员与高等教育相关的所有参与者，如校内非教学部门、校外企业、组织、社团等，充分发挥其主观能动性，共同构建全面的人才培养体系、科研平台和实践训练环境，以实现多维度育人的教育战略。比如，通过人才培养系统实现思想政治教育教学方法和手段的更新，提升教育成效。虽然高等教育中的思想政治教育旨在系统地传授理论知识，并在此基础上塑造学生的世界观、人生观和价值观，但单一的理论讲解很容易引发学生的反感，甚至是抵触，而通过融入现实案例、以富有趣味性的案例分析处理复杂或难以理解的概念，以及使用视觉工具将抽象理论具象化等方式能有效激发学生的学习热情，加深他们对理论知识的理解。课堂教学内容经过教师精心准备，理论框架已经相对完整，但往往缺乏对当前社会现象和热点问题的及时反应。因此，通过专题讲座和学术沙龙等课外活动对时事问题进行深入探讨和分析，不仅可以强化学生对理论知识的掌握，还能提高他们对社会问题的敏感性和思考能力。在校园文化方面，除了通过教育展板分享时事信息和美化教学环境，还可以利用社群影响和榜样人物来加强对学生的潜在教育，这样能使传统课堂教学与校园文化中的隐性教育方法有机结合，达到更全面和有效的教育目标。此外，这种整合策略还有助于实现高校思想政治教育的灵活适应性、时效性和创新性。

四、大学生思想政治教育协同创新的要素特征

（一）目标要素的一致性

对于大学生思想政治教育来讲，育人是其协同创新模式的根本目的，而这种模式的成功依赖于各参与主体对根本目标的共识和对准。这种一致的目标不仅减少了各方之间的潜在冲突，还有助于提升组织协作的整体效果。在大学生思想政治教育协同创新工作开展过程中，各参与主体如学校、企业、社团等都明确了各自追求的短期目标，这些目标虽然各不相同，但从宏观角度上看是与总体目标相吻合的，而且他们在"立德树人"这一长期目标上有共同的目标追求和利益追求，属于目标一致性。这种目标一致性不仅是确立各参与主体形成有效合作关系的基础，也是维护协同创新体系稳健运行的核心。

由上可知，在大学生思想政治教育协同创新运行过程中，每个参与主体的活动应与总体目标保持一致，如果总体目标不明确、不可行，那么不同参与主体由于自身任务、职能、分工的区别很容易因参与主体数量增多、运作范围扩大、使用媒介和载体更丰富等原因产生更多的冲突和矛盾风险。相反，明确的目标有助于各参与主体高效地整合资源、媒介以及外部环境，从而更好地控制整个工作平稳运行。为实现目标一致性，各参与主体应主动进行紧密的沟通和协作，将总体目标细化为符合各个主体对应阶段的可操控的子目标，通过不断调整这些子目标，各参与主体能确保其活动方向与总体目标一致，使教育体系处于动态平衡，构建一个稳定、有序、和谐的新时代大学生思想政治教育协同创新体系。更重要的是，各参与主体在正式行动之前应明确这一共同目标的性

质、意义和实施途径，如果他们没有对总体目标和子目标达成共识，那就代表协同创新工作难以顺利展开。大学生思想政治教育协同创新的总体目标是该体系所有要素的存在、运行及整合的根本出发点，所以每一项思想政治教育活动都应围绕如何实现这一根本目标来设计、执行和管理。

（二）主体要素的互通性

"立德树人"是大学生思想政治教育协同创新的核心目标，围绕这个目标构建的思想政治教育体系涵盖了社会机构、家庭、教育机构以及学生自身在内的多个参与主体，各参与主体之间具备高度的互通性。

主体要素的互通性原则使各参与主体既能充分发挥自身职能，又能实现多部门、多领域、多主体的团结协作，更重要的是，他们在保持各自职责和特性的同时，通过有机的协作和互动形成了一种高效的教育合力。各个参与主体的团结协作不仅包括了各部门成员的共同努力，还吸引了家庭和社会相关机构的主动融入，使信息交流越发高效、协同，互通率达到最大。而且，这进一步发挥和体现了思想政治教育协同创新主体的互通性。

此外，协同创新应该是多维度的，应鼓励各个参与主体在教学方法、教育形态和教学工具等方面发挥作用实现协同创新，特别是大学生这一核心受教育群体，更应鼓励其充分发挥自身学习主体的作用，让其为自己发声，更加主动地表达自己的教育需求和期望。

思想政治教育协同创新还应在高校内部进行资源整合，完善并优化思想政治教育的整体框架和运行机制，加强各参与主体之间的联系与合作，促进学生更积极地参与到相关教育活动中，推动高校思想政治教育理念与协同创新理念的进一步融合。这样做有助于学生在日常生活和学术环境中有意识地应用思想政治理念，同时能够增强他们的社会责任感。

（三）介体要素的传导性

教育介体是一种连接教育者和受教育者的中间要素，负责将教育者的知识和道德观念有效地传达给受教育者。教育介体主要源于思想政治教育活动，只要有思想政治教育活动发生，就会形成教育介体，因此思想政治教育协同创新所包含的教育介体数不胜数，这些媒介不仅需要传播思想政治教育信息和内容，还能结合教育要求促进信息和内容的不断变化，受教育者在接受信息和内容后会进行思考和内化，最终反馈给社会。育人目标的实现离不开教育者与受教育者，二者就是通过介体要素进行相互沟通的，由此可以得出介体要素具有一定的传导性。

为了保证思想政治教育工作的灵活性和高效性，可以全面引入先进的现代信息技术和教学策略，实现人力、物力和资金等教育资源的科学管理和配置。在构建大学生思想政治教育媒介平台时，应充分考虑时空背景和特定需求，确保德育工作稳步落实，同时保证介体要素的传导性，从而使大学生思想政治教育协同创新稳步、有序地开展。首先，协同和创新不仅是当代社会发展的主旨，也是各学科全面发展的基础思想和核心策略。在教育实践过程中深入研究这一概念的科学内涵和作用机制有助于完善协同机制，并为构建高校思想政治教育体系提供理论支撑。其次，通过充分利用媒介平台资源可以有针对性地提升大学生群体的思想政治水平，提升其思想政治素养，推动思想政治教育创新的有序发展。最后，构建媒介平台应细致分析各子系统和要素之间的数据交互，并在信息共享和汇报方面做足功课，这不仅有助于优化资源配置，还能够为不同教育参与主体之间的交流与合作提供有力的数据支持，进一步促进思想政治教育协同创新的发展。

（四）环境要素的综合性

环境因素在思想政治教育协同创新中起着至关重要的作用，因为任何思想政治教育活动的发生都必须在相应的环境中，换言之，没有环境要素就没有思想政治教育。环境要素对教育活动的影响是多维度的，是动态演变的。而且这些因素与其他组成部分有着密切的相互作用，具备显著的综合性。

环境要素与思想政治教育的协同创新之间存在一种辩证关系。一方面，环境限制了思想政治教育协同创新活动的流程与最终成效，在一定程度上阻碍其发展；另一方面，思想政治教育协同创新活动本身也会对环境产生影响。比如，受教育者在接受思想政治教育协同创新后，其行为方式、思想品德发生的变化会对教育环境产生影响。此外，信息来源和传播渠道的多元性以及制度结构的层次性进一步加强了环境因素的复杂性。为了最大限度地发挥环境因素的促进作用，需要在依托平台和载体构建协同创新育人模式时对教学、研究和管理进行全面整合。在教学方面，高校可以通过资源整合和经验分享提升本校教师的专业水平。在管理方面，高校可以利用校园网网络平台和招生平台更高效、广泛地传递对学生有益的信息。在科研方面，高校应鼓励不同学科、专业的学生展开合作，通过应用跨学科和跨专业的资源创建一个跨学科、跨专业的协同创新平台。这种方式不仅可以激励学生从不同学科角度拓展自己的认知范围，也为提升其综合素质和增强社会责任感提供了有效途径，更能保证高校思想政治教育工作顺利发展。

五、大学生思想政治教育协同创新的重要意义

在21世纪，人才成为各国竞争力的决定性因素，高校因此承担着通过创新教育方法提升国家综合实力、实现国家发展的重要职责。其中，确保学生拥有健全的思想观念和意识形态不仅是提升教育质量的关键，更是强化国家核心竞争力的基础。然而，许多高校的思想政治教育常常聚焦于纯理论知识的传授，这常常导致学生对该领域缺乏兴趣和参与度，大大影响教育效果。因此，为了提升思想政治教育的成效并有助于全面人才培养，引入协同创新的教育模式显得尤其必要。通过采用多元化的教育方法和手段，包括显性与隐性的教育策略，可以更有效地促进学生的全面发展。这不仅涵盖专业技能和创新能力，还应包括培养学生的道德素养、强健意志以及健康的生活态度。这种综合方法将为高校在培养具有国际竞争力的人才方面提供有力支撑。

（一）拓展大学生思想政治教育主体

当前高校的思想政治教育应进一步强化党的全面领导、开展跨部门合作以培养全面发展的大学生为核心，形成多维度、多策略、多场景和多层次的教育格局，营造有利于思想政治教育的外部环境。

1.协同创新有助于形成"全民参与思想政治教育"的新局面

如今的大学生思想政治教育活动不应限于传统的课堂教学，而应扩展至国家机构、社会组织、企业、科研机构以及校内各级党政干部和教育工作者在内的所有可能开展思想政治教育的主体，挖掘全新的教育渠道。这不仅要求各参与主体承担各自的责任和使命，也需要将这些资源合理地融合到学生日常教育的各个环节，使之与高等教育的育人目标相一致。

2.协同创新促成"全民接受思想政治教育"的格局

在信息高度便捷的当代社会，引导大学生形成健康的思想理念、树立正确的价值取向、养成健康的意识形态尤其重要，所以思想政治教育的重要性不容忽视。通过整合社会、家庭、企业以及高校等领域中与思想政治教育有关的教育资源，融入高校思想政治教育体系当中，构建具有中国特色的与当代大学生发展相吻合的教育模式，既能满足当代高校服务社会的需求，也能预防学生因错误网络理念或社会理念的误导走上错误的人生道路。

3.协同创新拓展了"全民服务于思想政治教育"的影响范围

高校作为当今社会最主要的人才培养基地，除了应对在校大学生进行思想和意识的正确引导，还应多关注学生的日常生活，为其提供更完善的服务。此外，社会各界也应充分运用自身优势与大学生进行有益的互动，为开展思想政治教育奠定坚实的基础，及时调整、干预大学生在生活和实践中遇到的各种问题，如心理问题、执行问题、思想问题等，在必要时可提供支持。这一全方位的教育模式有助于提升学生的思想素质、政治敏锐性和道德修养，使他们能更好地满足国家对高素质人才的需求。

（二）优化大学生思想政治教育管理体系

对大学生进行思想政治教育并非只是通过传统的课堂教学教授学生理论知识，更重要的是通过正确的引导使大学生面对复杂的社会环境养成健康的心理、健全的思维以及做出正确的行为，属于既多元又开放的教育体系。为了防止学生被物质主义或自私自利等文化影响，避免其道德退化或做出失信行为，思想政治教育管理工作的强化脚步刻不容缓。而且只有确保该体系健康运行，并从思想指导、问题排解乃至价值观推广等方面对学生以及环境施加影响，才能确保其树立正确的价值观。

1.协同创新有助于使大学管理体制更加贴近学生的个性化需求

在任何发展场景中，特别是在信息化快速发展的今天，矛盾和问题都是难以避免的。如果继续使用过时的管理策略来应对新的挑战必将导致先前可以称为高效的方法和工具丧失其本来功效，因此不断创新成了唯一的出路。为了适应新时代的要求，我们需要将协同创新理念融入日常生活中。例如，将传统的面对面教育转变为更为人性化、更具即时性的在线交流，这样更符合现代学生的成长模式和需求，缩小教育者与受教育者之间的心理距离。

2.协同创新有助于大学管理机制的不断优化

事实上，高校思想政治教育管理工作的开展是一个持续发现矛盾并解决矛盾的过程，它不仅涉及学生思想的引导，也涉及学术研究和技能培养等。当前，高校为适应更加多元化和开放性的社会环境，逐渐朝着多学科整合、跨领域协作和多方参与的模式演进。在此种情况下，将大学生思想政治教育管理者融入协同创新理念，可以大大增强大学管理者对社会资源的掌握能力，并从更全面的视角审视自己，发现所行教育管理工作中存在的不足，稳步提升学生对管理工作的满意程度，从而为大学管理提供更广泛的可能性。

3.协同创新能为大学管理提供全新的推动力

为了促进高校协同创新理念的大规模推广，国家制定了多种激励政策和保障机制，这些都成为大学开展思想政治教育管理工作稳定的外部环境，更重要的是其赋予管理工作更显著的创新动力。这种支持不仅加速了高校在思想政治教育管理方面的创新进程，还有助于这些创新成果的落地与实施。在对大学生进行思想政治教育管理过程中融入协同创新理念，不仅可以有效地调整教育主体、教育客体以及教育介体之间的互动关系，增强教育的整体效能，还能确保教育改革紧跟社会发展的浪潮，加速新教育体系和策略的形成，扩增教育内容和教育方法。

（三）打破大学生思想政治教育发展壁垒

思想政治教育在大学生培养中占有核心地位，直接关系到高校育人目标的质量。面对如今全球化和网络化带来的多元文化以及多元思想的挑战，如何更有效地进行思想政治教育，特别是在综合考虑大学生群体的多样性和变化性的前提下进行思想政治教育，已成为当前教育工作的新方向和新任务。应用协同创新理念开展教育工作不仅能解决教育体系中的僵化和资源配置问题，还能促进多方教育主体的积极参与，有助于突破传统课堂教育的局限。

1.协同创新有助于增强教育参与主体之间的协作融洽度，从而弥补各参与主体在教育过程中出现的不足

高校中不同教育主体所担负的责任是不同的，他们所采用的教育方法、侧重的教育方向乃至具体的教育工作开展过程都不相同，如思想政治课的教师和学生辅导员在教育工作开展过程中扮演的就是两个完全不同的角色，其优势和缺陷也不尽相同。思想政治课的教师在理论知识方面可能比较强大，但在理解学生个性和成长路径方面可能不够精准；而学生辅导员可能在理论方面不如专职教师，但对学生的个性和需求了解更加深刻。如果两者可以在协同创新理论的指导下开展协作，定然能互补优缺点，从而提高教育的整体质量。由此可见，协同创新理论不仅有助于缩小各教育主体之间的差异，还能增强其对达成教育目标的积极性和创造性，从而推动整体教育质量的提升。

2.协同创新理论有助于解构高校内部各学科的孤立壁垒

大学是相对开放、灵活的组织，与一般的企业和研究单位有明显区别，其

最直观的特点就是散而有序。通常情况下，高校内的各个学科以自身学科理论知识的深入研究和发展为主要目的，因此无论是教学还是科研都不会跳出本专业的范畴，但随着对学科的深入研究，必然会遇到超出本专业理论范畴的知识，如以本专业理论为基础融合其他学科理论知识的综合研究。要知道，大部分的专业教学并不重视支持新学科的发展，也不会开展跨学科的研究，而过于注重独立发展，忽视跨学科合作的潜能会限制专业的全面、多维度研究和探索。通过协同创新，不仅可以推动各学科领域进行更全面的交流与合作，还可以实现资源和优势的整合，从而加速学科交叉和新学科的发展。

3.协同创新理论有助于缩小教育主体和实践主体之间的距离

如今，大学生可以到企业或社会组织中进行教学实践，这有助于大学生积累实践经验、提升技能熟练度，但这样做也存在一定缺陷，主要是在理论知识的引导方面存在一定不足。在当前创新大行其道的时代背景下，高校不仅需要在思想层面对学生进行引导，也需要在技能和实践能力方面进行全面培养。因此，通过在高校与企业、研究机构等合作关系中引入协同创新理念，可以有效地集合各方的资源和优势，为大学生创建更多的实践和研究平台。这样做不仅能实现各教育和实践主体之间的资源整合和优势互补，还能推动大学生在知识和实践方面实现更全面的发展。

六、大学生思想政治教育协同创新的对策

（一）推动大学生思想政治教育协同创新队伍的角色转化

在大学生思想政治教育中，教育者扮演的角色已经从传统的知识传播者转变为集知识传播、实践活动策划以及学生个性发展引导于一身的全新角色。尤其是在协同创新理念应用后，教育者早已脱离单打独斗的旋涡，化身为团结协作的一员，在这种教学环境里，教育者必须快速适应变化，更新思维模式，从而更好地承担新的教育责任。

1.增强教师队伍的责任意识

在大学生思想政治教育中融入协同创新理念可以实现教育主体的有效聚集，充分发挥其教育主体的作用。一直以来，教育都是一项艰巨的任务，但这种重任并不能只落在思想政治课教师和学生辅导员的肩上，它与整个教育组织密切相关。因此，高校内所有从事教育的人员都应重新审视和确认他们的职责，提升对学生个性和思想培养的重视程度。教育者不仅要具备丰富的专业知识，还需要自觉地规范自己的行为，强调道德价值，借助自身的行为和态度树立一个正面的模范。同时他们应当在教育过程中不断地反思和自我检查，提高自己对教育的认知，清楚自己的责任，形成正确的价值观、人生观，拥有明确的政治观点，并与党中央保持一致，以确保成功完成教学和培育任务。

2.坚持"协同共育"的多元教育模式

大学生思想政治教育协同创新可以促使教育者在开展教育工作时相互帮助、团结协作，从而实现双赢。基于此，思想政治课的教师在教学时需要灵活地运用课堂教学和社会实践，尽可能地实现有机融合，同时其他学科的教师也要将思想政治教育的教育目标和教育理念作为本学科教育教学的参考目标，并尽量保持一致。如今的教育早已不适合单打独斗，协同创新理念可以使教育者尽快完成教育转型，转换传统教学理念和教学意识，通过与其他教师的交流实现共同进步、共同提升，更重要的是可以改变传统的独立教学模式，充分发挥协作教学的作用，同向同行，实现学生全面发展这一最根本的教育目标。

3.增强师生间的交流互动

师生关系在大学生思想政治教育协同创新工作的开展过程中起到了不可缺的重要作用，可以说只有教师和学生相互配合才能保证教育工作的顺利开展。教师作为教育的讲授者，主要任务是运用各种教学方式对学生进行价值观引导和模范展示。学生作为教育的接受者，其三观和思想直接反映了思想政治教育协同创新的具体效果，也是评估教育者教学质量的关键指标。此外，构建积极的学习环境，强化师生互动可以大大提升思想政治教育协同创新工作的发展速度。顺应思想政治教育协同创新发展的教师不仅要保证教学内容和教学质量,还要主动与学生成为朋友,构建良好的沟通渠道,帮助其养成健康的学习习惯。为了增进师生之间的沟通和了解,高校可以召开全体师生大会或者在教育平台上开辟专门的师生聊天空间。这样做既能帮助师生明确各自在思想政治教育协同创新工作中的角色,又能让师生在实际教学过程中主动开展合作,从而共同推进大学生思想政治教育协调创新发展。

(二)构建"三全育人"机制

大学生思想政治教育的本质是教育活动,该活动涉及教师、学生、学校以及家庭、社会等多个方面,有特定的内在规律,更重要的是想要实现学生思想政治教育发展,离不开先进、科学的育人理念,因此大学生思想政治教育必须要严格遵循思想政治教育的内在发展规律,形成科学的育人理念,从而实现蓬勃发展。我国教育相关部门十分重视高校思想政治教育管理工作,在不断开展教育工作的过程中形成了"三全育人"理念,这与新时代大学生思想政治教育协同创新机制的内在机理相统一。在"三全育人"中,全员育人主要指全社会各方面资源的整合与协同配合,从而共同培养大学生良好的思想政治素养;全方位育人则是指充分运用多种多样的方式展开教育活动,从各个方面促进大学生思想政治素质的提升;而全程育人则主要指从学生进入高校到离开高校的全过程的教育活动,在尊重大学生发展规律的基础上因材施教,教学相长。

(三)注重协同创新的整体推进

在推动协同创新工作开展的过程中,周期性的评估和总结是不可或缺的步骤。这样做不仅有助于相关成就的稳步落地,还能及时调整和设定未来的教育目标,同时在始终明确的协同创新目标的指引下实现教育活动根本目标,推动协同创新体系的完整。在管理协同创新过程时,可以实施循环性的管理策略,形成一个"实践—总结—策略改进—执行新策略"的循环管理机制,进一步完善教育体系的。

（四）提高教师队伍的思想政治素质

提高教师队伍的思想政治素质是一个持久且全面的任务，其核心在于深化教师对科学与教育理论的理解。持续的学术研究不仅能让教育者在知识层面达到更高水平，而且能扩宽其认知边界，增强其协同创新能力。对教育者来讲，理论知识是其开展教学工作源源不竭的能量来源，尤其是马克思主义、教育学基础以及协同创新理念等理论知识。从教育理念角度出发，当代的教育者需要认识到教学不仅仅是信息和知识的传递，还包括情感价值和正确世界观的建立，需要主动将教学内容和育人这一教育目标结合在一起。在思想政治教育课的课堂教学中，专业教师应积极寻找专业知识与思想政治教育紧密结合的切入点，在实现完美融合后将其转化为通俗易懂的知识讲授给学生听。教育者可以从以下几个方面着手。

第一，根据学科特点和学生需求精心设计教学计划，以适应不同层次的学生群体，同时采取针对性强的教学策略以确保实现教学与育人目标的有机结合。

第二，所有专业课教师应致力于引导学生实现思想政治素质的提升，实现教学和育人、言传和身教的统一，同时，在课上与课下都要与学生保持有效的沟通，化身为学生人生观念形成的重要影响者。

第三，教育者可以通过高校构建的简单易用、覆盖范围广的教育平台实现相互沟通以及教育资源的共享和充分利用，通过同心协力创造出更高效的教育方法，进一步提高整个教育队伍的专业素养。

第四，高校应定期组织员工开展讨论会，专门讨论在教育工作开展过程中遇到的新情况、新问题，并通过交流制定和执行解决措施，建立一支具有丰厚理论知识和丰富实践经验的教育队伍，创造一个高质量的教学环境。

（五）完善思想政治协同创新教育主体间顶层设计

为确保思想政治教育协同创新工作的顺利开展，最关键的环节就是建立统一的管理机构。换言之，高校只有不断完善领导体制，充分发挥党政领导的领导作用，才能保证思想政治教育协同创新工作能够稳步实现，工作方式不断精进。当高校成立了集中的领导机构，可逐步加深各教育主体的密切合作，提升整体的工作效率。因此高校应形成党委领导、校长负责的新型管理体制，包括校内、校际、校外三种分管体制，整合所有可用于思想政治教育协同创新的教育资源。通过目标协同进行工作方向引导，根据党委思想政治工作的指导思想、工作方法进行统一部署，经过研究制订工作开展的总体规划和实施计划，经过一定的组织、协调、指导、检查、督促等整体性工作，使各方主体在行动上与高校思想政治教育工作保持一致，可以提高思想政治教育协同创新工作的整体效能。具体措施如下。

1.建立统一思想政治协同创新办事机构

该机构在政府的监管下运作，各高校的党委书记担任统一领导人，全权负责党政事务，其他主要成员包括负责学生事务的副校长、教务长等，同时欢迎媒体、社会组织、企业和科研单位等社会力量参与。这个机构的主要职责是从宏观角度出发，制定涵盖校内、跨校和社会各层面协同创新的目标和方法，同时明确机制运行的评估标准、调整手段、协商流程和监督机制等。其核心目标是为思想政治教育协同创新工作的开展提供明确的战略导向，及时干预和引导所有偏离核心理念的行为。总体而言，协同创新工作想要取得更好的教育效果必须建立在学校党委高度关注的基础之上，在各相关部门之间建立联动机制，构建一个全面的"教育共同体"。

2.建立校内思想政治协同创新联动机制

由学校党委书记担任这一机制的统一领导人，其他成员包括党政办公室、宣传部、学生事务部门、团委和后勤等与学生相关部门的负责人。这一机制集中了各部门的主要决策人员，这样做既能更有效地整合内部资源，如人力、技术和资金等，还能全面地应对协同创新所面临的多种挑战，解决可能出现的因为分属不同部门产生的矛盾，某些部门甚至可以与校外教育实体沟通和协调，解决机制构建过程中产生的问题。

3.建立校际思想政治协同创新工作组

该工作组由参与协同创新机制高校的党委副书记担任领导，其他成员为各分院的党委书记。工作组的主要责任是整合各校优质教育资源，实现资源共享，同时使其在各参与高校之间循环流动，深化各校之间的合作关系，同时通过组织学术活动和研讨会，将协同创新的理念在各高校负责人之间相互传递，推动协同创新机制在合作过程中不断融合、创新、完善。

4.建立校外思想政治协同创新工作组织

这一组织是与家庭、企业、科研机构、媒体等校外育人主体合作构建的可以相互交流的组织，确定育人为思想政治教育协同创新工作的根本目标，广泛宣传社会主义核心价值观，将校外所有教育资源整合在一起，加强校外育人主体的练习，消除其各自为政的不良影响，提升其文化修养、思想政治素质。在组织构建过程中，高校扮演主导角色，及时与这些校外育人主体分享最新的教育研究成果和工作经验，积极配合其开展育人工作，同时，通过全面分析抓住其本身蕴含的以用于思想政治教育育人的因素，增强各个主体之间的互动交流，实现优势互补，在大学生与之接触的过程中提升学生的政治觉悟和思想道德修养。

（六）完善思想政治教育主体协同创新工作考核制度

为全面提升思想政治教育协同创新的效果，应创建全新的考核评价机制，不仅要将德育和智育融入其中，还要保证其与教育立德树人的根本目标紧密结合，制订专业的人才培养计划，实现课程改革。此外，想要提升育人主体的育德能力，培养其育德意识，最关键的环节就是将教育主体的育德能力和育德意识纳入教师评职称、评奖评优、培训以及绩效考核体系当中，如果师德有亏则一切免谈。

1.应全面考虑学科、地域以及领域等影响因素，构建分类考核制度

此制度不仅包含教育质量和人才培养效果，还涵盖教育主体在推动协同创新、促进地区发展以及企业合作等方面的表现，确保教育活动的创新性、影响力和贡献度得到全面评估。

2.应注重评价指标的长期效果和角度

要知道，高校思想政治教育的效果并不能在短时间内看出，因此在制定评

价指标和考核制度时需要考虑评价指标的合理性、全面性和长期性，确保所有教育活动都能得到正确、全面的评价。高校构建的评价体系绝对不能一概而论，也不能事无巨细。比如，对教师的科研能力进行考核时不能只关注其发表文章和出版著作的多寡，而是要从其创新能力、创新贡献度以及创新质量的高低出发，结合具体的研究实效做出动态的、综合的、系统的考核评价，确保该评价能够约束或激励教师。此外，评价体系应该从人才引进开始，在教育主体协同创新机制构建过程中确定培养的教育客体的数量及质量，确定其为学科发展和人才培养做出的贡献，以及该教育主体是否能提高高校的人才培养能力，促进教育客体的全面发展。

3.教学评估标准的构建必须要搭配完善的教学质量监管机制

管理层应把教学质量的监管纳入协同创新运行机制中，并构建和健全对应的监督机制和评价机制。在评价校外育人主体的服务质量和育人效果时，首先要消除任何可能出现的意识形态偏见，以数据驱动和科学性为基础构建评价反馈模型，确保参与主体能充分发表自己的观点，实现研究成果的科学化和可视化。此外，对课程改革的评价也属于教学质量评估考核体系的组成部分，考核结果的优劣决定领导小组的业绩，从而督促领导小组充分发挥自己的作用。高校内的教育主体需要定期更新课程方案，优化教学方法，以确保课堂时间和实践环节的高效性和实用性，对教学质量和教学过程的监管方法并不唯一，确保评价的准确性。高校还可以定期邀请校外专家进入学校实地考察，减少过度依赖传统的、以知识输出为导向的评估模式，更注重学生在思想和政治教育课程中的应用能力。

4.构建一个涵盖高校和校外育人主体的问责调控机制

对于那些不遵循协同目标和制度开展工作的育人主体，高校需要主动与其所在组织进行深入的对话，采取负面激励或惩罚措施，凸显协同创新管理机制的强制性和权威性。有效的问责调控机制可以帮助各育人主体明确自己在这一框架内的角色和职责，尽可能地增加育人工作的效率，降低工作开展难度。

第三节　大数据下大学生思想政治教育研究

一、大数据概述

（一）大数据的含义

近年来，大数据在商业领域展现出了非常高的潜力，而这种潜力正逐步应用到各个领域。这一概念最早可以追溯到阿尔文·托夫勒（Alvin Toffler）在1980年所写的《第三次浪潮》，他在其中把大数据视为变革浪潮的重要组成部分。目前，学术界还没有就这一概念达成统一的定义。维克托·迈尔-舍恩伯格（Viktor Mayer-Schönberger）和肯尼思·库克耶（Kenneth Cukier）在《大数据时代》中深入探讨了这个主题。他们指出，大数据是一种新型的通过分析海量数据获得深刻见解或提供有价值的服务，它对人类社会生产、经济发展以及认知结构都有重要影响，是改变市场结构以及政府与民众关系的方法。这本书在中国发布后受到了极大的关注，之后陆续出版了大量的大数据书籍，最有名的应该是徐子沛创作的《大数据：正在到来的数据革命，以及它如何改变政府、商业与我们的生活》，徐子沛在书中强调，大数据其实就是那些超越了传统工具处理能力的数据。

由此可见，大数据分析的"大"不仅体现在数据量超出预期上，更在于通过整合、解读这些庞大的数据集来挖掘其潜在价值，同时利用这些价值满足社会需求，造福人类。

（二）大数据的基本特征

1.数据海量

大数据名称的由来与其包含海量的数据有直接关系，所以大数据的核心特征之一是其庞大的数据规模，这些数据除了规模庞大，还具备一定的完整性。如今是信息时代，人们的所有活动都会形成数据，使信息量暴增，这些数据几乎都转化为可追踪和分析的数据点，大数据为我们提供了生活全方位数据化的研究可能。

2.形式多样

大数据的"大"还体现在数据种类的复杂多样。它不仅包含数字和数据库中的表格数据等结构化数据，还包括如文本、图像、声音和视频等非结构化数据，这种数据多样性使大数据更复杂，拥有更大的应用潜力。当前的社交媒体平台早已不是过去的电视、报纸等传统媒体，而是微博、Twitter、微信和QQ等新媒体，这些媒体的痕迹都是重要的非结构化数据源，提供了大量待分析的信息。由于这些数据的多样性和复杂性，想要对其进行有效处理和分析也变得更加复杂，首先需要先进的算法和计算能力；其次在大量不同类型的数据中找出有价值的关联和模式；最后才能准确地分析数据。

3.处理快速

大数据时代的数据大都是由多样化的、海量的信息组成，具有流动性和即时性这两个显著特质。而且这些数据往往以数据流的方式快速生成和更新，这就要求大数据必须具有极高的处理能力和解析速度。如果大数据没有强大的数据处理能力，我们既不能生成大数据也不能充分利用大数据。随着时代的发展，网络技术和云服务大规模普及，信息的传播速度和周期大幅度减小，甚至部分信息可以在发出的同时实现传递。例如，微博和微信等现代社交媒体平台已经能够实现信息的实时生产和传递。今天，人们的日常生活不断产生大量的数据，应用大数据处理快速的特性能在最短的时间内抓住数据中存在的关联性，彰显出大数据的巨大价值。可以说，大数据处理快速特性就是为大数据产生巨大价值服务的。

4.价值巨大

当然，大数据上述三个特征是重要特性，但其最重要的价值是能从海量数据中提炼出有用和高价值的信息。换言之，大数据的终极目的是实现价值最大化。今天的大数据技术早已被应用到各个领域，不仅实现了行业革新和发展，还创造了巨大的社会价值。大数据本身并没有任何意义，它只是客观存在的一种客体，我们通过精确筛选和解析海量数据找出其中真实有用的信息，并发现这些信息之间的相互关系，挖掘其最大价值，这样才能使大数据"说话"，进而实现其在社会各个方面的应用，发挥其价值。总的来说，大数据科学关注的不仅是数据的生成和处理，更关注如何从这些复杂的数据中提取出具有高价值的信息，以便为社会的进步和发展做出贡献。

二、大数据时代大学生思想政治教育概述

（一）大数据时代大学生思想政治教育的内涵

大数据时代大学生思想政治教育指的是一种综合了大数据原理、技术手段以及特定的思想信仰、政治立场和伦理准则的，根据大学生群体的特定需求和特征，贯穿于大学生思想政治教育全过程的，涵盖了从信息采集、验证、评估到教学实施、调整和后续研究各个环节的，有组织、有规划地施加影响，以提高教育过程的科学性，形成与社会需求相匹配的思想政治品德的标准体系。

（二）大数据时代大学生思想政治教育的特征

在大数据时代，大学生的思想行为处在一个由庞大数据构成的信息环境中，并受到多种因素的影响。这种环境使大学生思想政治教育产生了以下变化：

1.大学生思想政治教育的研究范围更全面

传统的大学生思想政治教育研究主要依赖于问卷调查和访谈等方法，这些方法往往受到调查设计、参与者偏见和环境因素等多重影响，结果的可靠性并不固定。而且调查环节一旦出错，就代表调查结果不准确。但在大数据技术广泛应用的今天，教育者能够更全面和科学地获取所需信息，因为大数据不仅能有效地弥补这些传统方法的不足，还能确保研究结果更精确和贴近真实状况。这就使教育者能够更全面地理解和分析大学生群体，提高教育的有效性和准确性。

2.大学生思想政治教育的信息内容更繁杂

在大数据的背景下，教育者虽然可以更方便地获取关于学生的各种信息，但这些数据中也可能包含大量冗余和无关的信息，如果教育者没有及时将其剔除出去，得到的结果一定会与客观事实发生偏离，自然无法做出正确的决策。因此，教育者需要具备高度的数据筛选和分析能力，能从大量信息中提取有用的信息，能从全局角度归纳这些信息，并对其进行分类，更重要的是能够抓住信息与大学生之间存在的对应关系，有的放矢地处理信息，从中挖掘出关于学生行为和思想的客观规律，进一步丰富教学方法，积累教学经验，实现教育目标。

3.大学生思想政治教育的研究对象呈现数据化

所谓的数据化其实就是数学意义上的量化，即将虚幻的大学生行为和思想转化为具体的可量化的图、表等，既方便展示又方便分析，可以全面掌握大学生的思想变化和行为表现。对大学生进行思想政治教育首先要做的就是把握大学生的思想和行为发展趋势，这恰好是大数据数据化的长处。因此，教育者需要全面收集关于学生的各种信息，如他们的日常生活习惯、社交互动、空间位置等，这些信息大多以数字、文本、图像等形式存在，这些都是大数据时代特有的信息形态。这些信息与大学生的思想是一体的，信息一旦发生变化，教育者就可以通过分析这些数据捕捉到学生思想、行为甚至情感的微妙变化，这为开展针对性教育提供了更加精准的依据，使大数据成为推动高校思想政治教育的重要工具。

三、大数据在大学生思想政治教育中的价值

（一）大数据对大学生思想政治教育的有利影响

大数据时代背景下的大学生思想政治教育深受大数据时代的影响，正面临着一系列新的挑战和发展契机，因此不得不做出改变。

1.大数据促进大学生思想政治教育的新发展

目前,社会发展速度超出预期,这就使大学生思想政治教育不得不面对各种全新的机遇和问题,如新兴话题、焦点问题以及一些历史遗留问题等。因此,教育工作需要从全球文化多样性、国内独特环境和时代特点三个层面出发,宏观地进行全面且深刻的研究,促进大学生思想政治教育发展。从全球层面分析,教育者需要全面把握多元文化的精髓,同时警惕外来文化中可能存在的负面影响。从国情层面分析,思想政治教育需要紧紧围绕中国的实际情况展开,并借助我国丰富的文化资源来教诲学生,让他们的思想行为更加符合社会主义核心价值观。从时代层面分析,大学生思想政治教育需要紧随社会发展步伐,不断更新教学方法和教学内容。大数据在这一过程中起到了至关重要的作用,为其开辟了全新的教育路径、衍生出全新的教学方法。大数据时代的大学生思想政治教育相较于传统的、更侧重于道德说教的方法,提供了一种更加科学和系统的分析手段,教育者通过收集和分析庞大的数据集,可以从整体和个体两个层面对大学生进行更精确、更具针对性的研究,为教育活动的价值提供更有效、更贴近实际的策略。

2.大数据为大学生思想政治教育实践提供新方式

在数据为王的当下,在大学生思想政治教育理论和实践教学中融入大数据技术能获得突破性的效果,特别是在增强学生参与度、拓展学生思维、提高教学成效等方面有着重要的作用。为了确保大数据真正作为一个新兴工具和方法应用到在思想政治教育中,最关键的环节就是实现两者的有机融合。教育者通过应用大数据分析和可视化技术,能用图、表等形式向学生阐释相关的教育理论、观点和标准,既清晰、直观,又能增加可信度。此外,大数据技术也可以通过收集学生的日常数据预测学生可能做出的反应和行为,如对于特定事件的关注度和参与事件的可能性,从而更准确地推测其思想动态。

3.大数据为大学生思想政治教育教学提供新形式

面对大数据时代的蓬勃发展,大学生思想政治教育不仅在教学形态上进行了创新,还在教育观念方面有了新的理解。对于大数据和思想政治教育的有机融合来讲，除了需要掌握专门的思想政治知识，还需要精通计算机科学、社会科学和研究方法等多方面的技能。但传统的思想政治教育人员由于过于注重研究思想政治教育理论知识，可能无法满足这些时代化的要求，但大学生作为新时代的接班人，相较于他们更容易接受新型科技和数据信息。这意味着信息的权威性逐渐从教育者转向了拥有更多渠道获取信息的学生，这些信息在一定程度上能代替教育者发挥思想政治教育职责。在大数据时代，信息的生成过程和学习过程是同步进行的，学习也可以视作信息的重构。因此，教育者应积极运用大数据技术，不仅要将其作为理论工具，还要真正地将其纳入日常教学实践，通过大数据的数据共享功能更准确地了解每个学生的思想行为模式，提高教学效率。

（二）大数据对大学生思想政治教育者的有利影响

当今社会的生活节奏极快，大数据技术早已渗透到教育领域的所有层面，这就为从事大学生思想政治教育指导工作的专业人士提供了独特的优势。其中最显著的一点是大数据技术为其提供了一个覆盖范围更广、更加高效的教学互动平台。此外，该平台蕴含着海量的信息资源，为教育者提供了丰富的教学资源，还从根本上改变教育者的思维模式，为更好地开展思想政治教育工作奠定了坚实的基础。

1.大数据构建了大学生思想政治教育工作的新平台

教育者与受教育者的互动是大学生思想政治教育工作顺利开展的基础。在传统教育中，教育者由于各种条件的约束往往难以获取学生行为和态度的所有信息，这无疑大大降低了教学的针对性和教育效果。但在社交媒体和移动互联网普及的今天，学生们能随时随地通过网络平台分享自己的观点和感受，这就为教育者提供了大量实时的、准确的数据资源。教育者通过应用大数据技术能快速解析、整合所有与学生有关的信息，从而因时制宜地调整教育策略和方法，使之更加贴近学生的实际需求和情况。因此，大数据技术为思想政治教育工作者提供了一个全新的、更加灵活和高效的工作平台。

这一技术平台具备以下优势。

（1）实时监测学生的动向。依托大数据平台，教育者能更精准地关注和掌握学生的思想活动，也能更理解大学生的思想行为。网络中的数据以几乎瞬时的速度不断更新和流转，大大方便了教育者及时掌握与学生相关的最新信息，这些实时信息数据不仅能让教导员及时了解学生当前的情况和思想动态，还可以针对学生反映出的问题或困惑给予及时的沟通和指导。此外，教育者可以使用QQ和微信等移动通信工具和学生进行即时的、低成本的互动，为学生提供及时的问题解决方案，并进行持续的跟踪和指导。这种及时性能缩减教育者和学生的时空距离，在问题出现的下一刻就提出解决方案，极大地增强了教育的时效性。

（2）个性化的教育策略。大数据技术能全面收集并解析涵盖大学生群体的各种信息，为教育者提供方便。从宏观层面分析，这些信息描绘出一个全面的、能呈现大学生群体思想的虚拟"景观"，方便教育者根据"景观"制定更契合的教育策略，开展群体教育。然而，现代大学生群体最显著的特点是他们有着独立的个性和开放的思想。为了应对这种多样性，教育者需要从微观角度深入分析每位学生的个人数据，包括日常习惯、学业表现、心理状态、家庭背景及社交活动等。基于对每位学生全面数据的了解，教育者可以设计出针对每个学生的个性化教育计划，来提高思想政治教育的针对性和教育效果，从而提升高校思想政治教育工作的准确性和效率。

2.大数据丰富了大学生思想政治教育者的教育资源

海量数据是大数据最显著优点之一。随着网络技术的快速进步，数据的增长呈现指数级趋势，这为高校思想政治教育者构建了一个储量丰富的信息资源数据库。从数量层面分析，每个人都是这个信息生态的生产者和消费者，而且在任何时刻都会产生大量的新数据，这种数据规模是传统纸质媒体所不能比拟的。教育者需要运用大数据技术从这一庞大的信息流中筛选出具有教育意义的数据，并根据这些数据对学生开展教育工作。从数据类型和内容层面分析，当前的数据类型和内容具有多元化特性，数据的结构和存储格式都不尽相同。

网络信息数据既包括传统的文本、图像等信息内容，还包括了音频、视频等多媒体格式，甚至网络中独有的词汇和高频短语也属于数据形式之一，且更容易吸引学生的注意。因此，教育者需要及时更新自己对这些信息类型的认识，并与学生的思维节奏保持一致，增进对大学生的了解。从质量层面分析，"大"是大数据的显著特色，但海量数据中不可避免地会存在质量参差不齐的信息，这就要求教育者在利用这些数据资源时应着重于筛选和提炼出高质量的教育内容，剔除其不良数据信息。

3.大数据转变了大学生思想政治教育者的思维方式

在大数据时代，数据量暴增，人们开始更关注数据间的关联性，而非传统的因果关系，这一转变颠覆了人类长久以来对因果逻辑的依赖，引发了思维方式的革新。

简言之，大数据时代强调的是发现什么，而非为什么。这种关注数据相关性的转变实质上改变了我们对规律性和预测性的理解，这对大学生思想政治教育影响颇大。

传统时代的数据量小，事物的形成有明显的因果关系，教育者通常会依赖因果链来理解和解释学生行为和思想动态。大数据时代的数据可谓海量，想要在海量数据中寻找量与量的因果关系根本不可能，因此因果也就不重要了。但大数据提供了一种全新的分析维度，即关联性，这不仅可以帮助教育者更有效地预见学生可能出现的行为和观念发展，也能提供更多元的教育路径。思想政治教育的核心目标是帮助学生形成正确的价值观、人生观和世界观，在大数据的影响下，关联性逐渐取代因果逻辑成为教育研究和实践中的关键分析工具，这一转变不仅为思想政治教育带来了新的思考模式，而且为教育者提供了更多的策略选择。

（三）大数据对当代大学生思想政治的有利影响

如今的大学生早已与互联网及数字媒体形成更为紧密的关系，无论是学习还是生活都与手机、计算机捆绑在一起，他们依赖互联网，通过碎片化的方式了解世界各方面的信息。大数据的出现促使大学生的社交互动和知识获取路径发生变化，不仅拓宽了他们的知识视野，还为他们提供了取用不竭的学习资源。

1.大数据拓宽了大学生的思想政治知识视野

对大学生来讲，大数据时代不仅为其营造了一个含有海量信息资源的全新世界，还将数据的手与其生活和学习活动紧密连接。大学生群体是一个具有强烈好奇心、超强创造力以及多元化个性需求的群体。通过对与学生相关的海量数据信息进行分析能鼓励他们积极参与学习、扩展其思维、发掘其内在潜能、促使其进行自我认知、实现自我价值。大数据时代数据信息的产生、传播与获取可以视作同时发生，这意味着大学生可以及时了解最先进、最新的思想政治教育知识，加深其对思想政治专业的理解深度，促使其构建并完善知识理论体系。传统的思想政治教育主要通过思想政治课教学实现，而大数据时代的思想政治教育可以通过提供更多元和实时的思想政治信息激发学生的学习兴趣，提高其思想政治综合素质。

2.大数据丰富了大学生的思想政治学习资源

大数据时代蕴含着各种类型的网络资源，这些资源都可以作为学习资源使用。常见的网络资源根据内容不同可以分成三类：第一类是电子期刊、电子图书等学校图书馆电子数据库的资源；第二类是教学课程、教学案例、教学练习题以及教学课件等学校校园网上的网络资源；第三类是学科网站、专业论坛、网络博客等公开性的互联网信息等资源。大学生可以通过各种在线工具获取和应用这些资源，进一步丰富和优化自己的学习体验。例如，大学生可以通过互联网访问全国各地高校的校园网站，在其中发现该校教师分享的思想政治教育课，在不受时间和空间限制的情况下丰富自己的思想政治理论知识，增进自己的见解；也可以实时跟踪全球政治动态，了解政治实时资讯；还可以充分利用网络中与思想政治教育有关的资源，为实现更高层次的自我发展和认知奠定基础。

四、大数据下大学生思想政治教育的对策

（一）以创新发展为驱动，重塑思想政治教育的育人方式

1.培育思想政治教育者的大数据思维观念

大数据为我们认识世界、改造世界提供了一种全新的思维方式和技术手段。因此，思想政治教育者需要通过跟踪调查发现大数据对大学生健康成长的具体影响，树立大数据思维观念。大数据思维观念主要包含三个方面：融会贯通的系统思维观念、事物相关性的关联思维观念、挖掘潜在价值的前瞻思维观念。

（1）确立系统思维观念。 大数据的诞生并非一蹴而就，而是多年累积的结果，只有通过对历史与现实的全面把握才能深刻理解其潜在规律并实现创新。因此，在思想政治教育中融入大数据首先要做的就是确立系统观点，建立现代化的信息采集系统，在对历史数据进行收集、整理、存储的同时持续更新数据库，收集所有与当前思想政治教育工作开展有关的信息。随着社会发展和技术进步，思想政治教育方法与大数据技术的有机融合可以实现相互促进，从而使思想政治教育更加有效。

（2）确立相互关联的思维观念。大学生的思想行为发展受到多种因素的影响，在大数据环境中这些影响因素都属于关联因素，不仅表述更清晰、明确，也方便找出最关键的影响因素，采取针对性的措施。大数据数据处理与传统的局部样本调查相比最显著的区别是提供了全局的、多维度的视角。例如，教育者可以通过大数据技术收集与学生有关的信息，从中了解学生的家庭背景、学术历程、个性倾向、身体健康、社交活动、网络行为、关注领域等，从而精确地理解并分析影响大学生思想政治教育的多重因素，抓住事物的本质和内在规律，为大学生思想政治教育工作的开展提供科学依据。

（3）确立前瞻思维观念。 大数据的本质其实是一种更高级别的预测工具，通过应用大数据技术能使我们能更精准地预测教育成效。思想政治教育与大数据技术的融合可以充分运用这种预测功能，教育者通过掌握各种类别、层

次的网络舆情判断、热点关注、关键词评估、动态数据分析、思想行为趋势判断等，全面掌握教育开展过程中的外在影响因素，预测可能遇到的挑战，及时调整教育计划，以提高具体的教育效果。

2.增强高校思想政治理论课的时代感和吸引力

在大数据时代，高校思想政治理论课程所扮演的角色以及担负的责任都发生了显著变化。这就要求教育者顺应时代发展，不断更新课程内容，改变教学策略，从而提升课程的吸引力和影响力，为思想政治教育工作开辟新的作战空间。

（1）精选教学内容，以培养大学生正确的人生观、价值观为重点。大学生思想政治教育工作的重点是帮助学生树立正确的价值观、人生观、世界观。因此，教育者需要精心挑选教学内容，保证作品蕴含高尚的精神、健康的文化和崇高的理想，以提升或升华大学生的思想和精神。在具体的教学实践当中，教育者需要结合自己的专业经验使用大数据工具，精准捕捉学生的实际需求，围绕需求设计高度个性化的教学内容，激发学生的学习兴趣，同时搭配与时俱进的案例分析、主题研讨会、公共讲座和社会实践等多元教学手段，解决学生在思想行为上可能存在的问题，实现育人的教育目标。此外，大数据技术还可用于跟踪和分析学生的课堂参与度，如通过对学生的出勤率以及主动回答问题的频率等数据可以更全面地了解学生的学习状况，激发他们的学习积极性。同时，高校应通过平台推广"精品课程""优质课程"来扩大教育影响范围。

（2）在教学手段上要借助新兴媒体技术。传统的思想政治教育工作主要采用课堂教学的方式开展，如今借助大数据技术和新媒体技术可以实现教育内容和教学方式的华丽变身，教育内容从枯燥的文本转变为图文并茂、声色俱全的内容，教学方式也从单一的课堂教学转变为包含MOOCs、翻转课堂和云课堂等在线课堂的教育。此外，教育者应主动采用互动式学习，让大学生可以通过网络平台自由选择时间和地点接受他们总结的集时代性、教育性、思想性于一身的教育内容，这一模式与大数据时代更加契合。

3.建立全方位高校思想政治教育预警评价机制

在大数据时代，企业通过收集、分析消费者的数据信息来全方位了解消费者的个人喜好，为消费者提供符合其喜好的商品，既能提升消费者体验，又能提高企业销售额。这一模式同样可以用于高校思想政治理论教育。

大学生在高校中的所有言行都会被转化为数据并被系统捕捉、储存在云端数据库中，这些数据就是大学生在学校的足迹。教育者通过分析这些数据可以对学生有更全面的了解，清楚他们的心理状态，同时可以做出行为趋势预测，从而制定针对性的教学方法，即高校思想政治教育预警机制。这种方法使教育者能够及时掌握并分析预判学生的行为，保证思想政治教育管理工作的超前性与主动性。

教学评估是教育体系的核心组成部分，它是教育工作不断改进和创新的内在动力。大数据技术为这种评估提供了一种更全面、更客观的评估路径。大数据技术可以实现与各种思想政治教育相关因素的量化，同时从大学生和社会发展角度判断思想政治教育工作的侧重方向和具体成效，构建一个多维度的评价体系，对大学生进行多元评价，科学判定大学生思想行为的数量关系，运用智能化的大数据运算方式确定指标值，并最终运用于考核和改进工作。例如，评估思想政治教育效果时可以通过衡量学生在课内和课外的表现得出，如评估学生的出勤率、作业质量、课上回答问题频率和正确率以及参与社会实践次数等。此外，教育者还要关注他们在百度、搜狗等搜索引擎上自主查询与教育内容有关的频次等带有主动学习意愿的数据，从而对思想政治教育工作做出更全面的评价。

综上所述，应用大数据进行教育评价不仅获得了一个更全面的视角，也提高了教育评估的操作性和科学性，更重要的是体现了教学评价是多维度的，包含微观评价和宏观评价、单项评价和综合评价、定性分析和定量分析的综合评估方法。教育者应用这种评价可以更精确地量化学生思想和政治教育的效果，进一步优化教育方法和内容，提升大学生思想政治教育质量。

（二）以协调发展为引领，建立统筹规划的多方协作长效机制

1.加强人才队伍建设，组建跨学科课题组研究大数据技术

要在大学生思想政治教育中最大限度地利用大数据技术，组建一个既精通

专业理论知识又熟悉大数据技术应用技巧的专业团队是很有必要的，这需要政府、学校、社会以及大学生群体的团结协作。

（1）在政府和学校方面，一是要提高资金支持，设立专门的教育基金，优化人才培养机制，组建一个专业的教育团队。二是要对高校教育人员进行大数据理论和实践应用方面的培训。培训课程应覆盖统计分析、网络技术、云计算基础等基础课程以及数据处理、数据分析和课程设计等具体的技能培训课程。大数据时代的思想政治教育者需要具备包括数据能力素养、政治素养、思想政治教育能力素养在内的时代新素养。

（2）保证教职人员技能和知识的多样性。学校需要在招聘过程中严格把关，选择那些既有丰厚政治理论知识又能娴熟操作大数据工具的人。在教育工作开展过程中，应加强思想政治教育工作人员与技术人员的有效互动，教育者可以为技术人员讲解政治理论知识，技术人员可以根据教育者在教学工作开展过程中遇到的问题进行深入研究，二者通过相互补充，共同解决面临的挑战。这里需要注意，技术人员在向教育者提交方案时需要让数据结果以最易理解和接受的方式呈现在教育者面前，为教育者制定解决方案提供方便。

（3）充分发挥大学生的主观能动性和参与积极性，挑选他们中间的优秀成员参与大数据项目的实施。通过对大学生进行选拔和培训，可以让他们掌握基础的大数据技术，同时增强他们对数据分析的认识和兴趣，促使他们主动参与到大数据的收集、分析工作中。

（4）高校应充分利用其多学科优势，搭建跨学科的研究团队，通过协调多方资源完成大数据技术的构建和应用，同时与拥有大量数据资源的企业和机构（如腾讯、阿里巴巴以及一些教育科技公司）进行合作和交流。

2.积极整合校内外数据资源，创建大数据思想政治教育平台

当今大学生在日常生活中所有的行为都会形成数据存储在信息系统的数据库中，为了充分运用这些海量数据，政府和党应进行科学战略布局，整合校内外数据资源，协调各种数据采集中心，构建一个综合性的包括学习、日常生活数据的思想政治教育平台。

（1）构建一个涵盖大学生所有事务的大数据库。第一，收集高校内各种与学生相关的数据，如学生的学业成绩、生活习惯、消费模式等，还要整合高校内部与大学生事务相关的部门的思想政治教育资源，构建高校思想政治教育基础的数据平台。第二，主动与政府相关部门、社会组织合作，整合校外资源，获取大学生校外信息数据。第三，充分运用社交平台、电商网站、搜索引擎等各类新媒体平台，收集大学生成长信息数据，丰富思想政治教育大数据库。

（2）构建一个专门的数据分析平台。大数据技术的具体应用需要经历以下几个环节：数据收集、整合、分类、分析、应用等。在解决问题时需要根据问题的类型采用相应的分析方法，发掘数据间存在的关联，结合心理学、传播学、思想政治教育学等理论发掘数据背后的内在规律。还可以将存在相关性的数据绘制成图、表等可视化形式，更直观地展示大学生的兴趣特征、行为模式、关注程度和学习质量等，发掘数据中存在价值的信息，从而使教育者对学生有更全面的掌握。此外，教育者需要充分发挥自身引导作用，对于大学生提出的关于自身心理、生活、学习等方面的问题给予及时的解答，构建主动应对大学生事务的管理模式。

（3）构建大学生事务追踪平台。高校需要全面追踪大学生在校内外参与的各种活动，收集活动数据并进行综合分析，从而更有效地预测和预警可能出现的心理健康问题或突发事件，提高思想政治教育的准确性、及时性和预测性。这样做有助于大学生应急突发情况事务处理体系的构建和完善。

（三）以共享发展为目标，满足大学生的个性化需求

1.注重学校间的数据共享和经验交流

为了进一步加强大学生思想政治教育的效果，各校之间需要携手合作，实现教育资源的整合与共享，同时集中和优化各类信息数据，实现数据高效利用。高校之间应构建一个共享共建的数据管理体系。制定明确的数据共享协议和规则，确保数据采集和分析在清晰定义的框架内进行。为了确保数据安全和隐私保护，应对可能出现的数据泄露或不当使用等风险进行提前预防。同时，

创建一个公正、透明且开放的数据交流平台，打破信息孤岛和数据封闭，实现数据的无缝对接和实时更新。此外，高校还应鼓励在此共享平台上进行有益的数据分析和挖掘，以充分挖掘数据背后的价值，从而为大学生的思想政治教育提供更有力的支持。

此外，一些在理工科和计算机技术方面具有优势的高校已在学生就业创业、思想教育以及心理健康教育等方面采用了大数据技术，并取得了不菲的成绩。为此，高校应积极地参与大数据在教育应用方面的研究会和讨论会，增进技术交流，共享成功经验，为高校思想政治教育工作的顺利开展提供强有力的技术支持。

2.运用大数据研发个性化思想政治教育新产品

为了满足当代大学生多元的思想教育需求，高校可通过整合和分析大数据，提炼出数据中蕴含教育价值的特殊信息，对特定学生或学生群体制定个性化的教育方案。然而，单靠高校自身的能力往往难以实现这一目标，需要多方协助，与商业机构和其他大数据平台的合作就显得尤其重要。在设计这些个性化教育工具和内容时应遵循"以学生为中心"的原则，充分考虑他们的独特核心与实际需求。当然，这些工具应兼具教育性与娱乐性，而且既要便于操作又要能引起学生的强烈兴趣，与学生的日常生活紧密相连。例如，我们可以开发具有教育意义的应用程序或教育游戏。此外，这些教育工具应与电商网站根据消费者喜好推荐商品的模式类似，能根据学生的在线行为和兴趣为他们推送与中华传统文化、时事评论、道德培育、心理健康和职业指导等相关的个性化内容，从而更好地满足他们的独特需求。

第三章

大学生美育管理研究

第一节　美育及其在大学生成长中的作用

一、美育与大学生美育

（一）美育

美育在人类教育体系中占据重要地位，与德育、智育和体育同等重要。从人类全面发展的角度分析，美育属于更深层次的教育，是以到达更高人生境界为目标，尤其是在进入21世纪后，其承担的历史责任格外重大。

人类的美育思想历史悠久，无论是东方还是西方对其研究都超过两千年。从一个更广义的角度看，人类文明与美育几乎是同步发展的，且都随着社会实践的持续进步而不断演变。席勒的经典著作《美育书简》被认为是第一个全面阐释美育的重要文献，称为"第一部美育的宣言书"。他在书中强调了"我们为了在经验中解决政治问题，就必须通过审美教育途径，因为正是因为美，人们才可以达到自由"，从而使人"成为审美的人"。人通过美育可以实现全方位、健康、自由与和谐的成长，这给美育提供了一个更广泛的文化和社会背景。虽然在中国古代并没有"美育"这一词语的明确表述，但在古代的"六艺"教育体系中，特别是在"乐艺"方面，审美培养已得到深刻体现。在20世纪初，西方的美学理念和审美教育观念被引入中国，与中国传统文化中的美育思想发生了有机融合，催生了具有中国特色的美育思想。

从狭义上讲，美育通常被视为艺术教育的一种形式；而在广义上，它涵盖了审美教育，是一种通过激发个体对美的发现、感知、鉴赏最终创造美的能力，同时树立健康的审美理想、审美品格，形成审美素养和审美情操。美育作为人类文明进步的重要表现，是推动个体自我成长、自我塑造和自我完善的关键环节。美育其实就是让受教育者有计划地接触美的事物，接受美的熏陶和感染，进一步增强其审美素养，激发其审美能力，并协助其塑造理想的人格，走向自由且全方位发展的成长之路。

显然，美育的核心价值在于塑造和定位个体的心灵属性，所有与美育相关的实践都应基于这一核心目标。心灵是个体思维和情感深度的体现。美育的任务是雕琢一个富有美感的灵魂，确立其具备崇高的审美追求，有正确的人生航向，即建立一个深邃、饱满的精神世界，使其渗透至日常生活的每一个角落，转化为一种自发的精神动力。另外，美育依托于一套明确的审美原则，旨在对个体及社会进行教育与熏陶，帮助人们树立正确的审美观，培养其欣赏美与创造美的能力，并激励人们遵循美的自然法则实现精神的升华，进而实现全面发展。

（二）大学生美育

美育在中国教育体系中占据着关键地位，与德育、智育、体育等齐头并进，共同塑造了我国独特的教育格局。在1999年6月召开的全国教育工作会议上，国家发布了文件《中共中央、国务院关于深化教育改革全面推进素质教育的决定》，文件中明确强调美育在中国教育体系中的角色，指出"学校教育不仅要抓好智育，更要重视德育，还要加强体育、美育、劳动技术教育和社会实践，使诸方面教育相互渗透、协调发展，促进学生的全面发展和健康成长"。我们希望通过完整、系统的美育培养学生对美的发现、感受、鉴赏以及创造的能力，帮助他们树立审美追求、塑造审美个性，培养其审美素养与审美情操，这已经成为我国素质教育，特别是高等教育的核心目标。大学阶段是学生确立世界观、价值观、人生观的黄金时期，也是他们形成审美观念、确立审美追求的关键时刻，对他们进行有针对性的美育是很有必要的，这会对他们未来的人生产生深远影响。显然，美育已经成为大学生综合素质提升的有效途径之一，其在我国高等教育领域中的崇高地位不可动摇。

从科学视角分析，大学生美育应包含以下三个方面内容：第一，研究对象是大学生，他们是这一教育活动的主要受众；第二，教育目标是推动大学生全方位、自由的发展，提升其审美素养，增强其审美能力，塑造其完美人格；第三，教育内容应包括美育理论基础、审美情感培养以及实际审美实践活动等。

综合来说，美育关注的是人的全面发展，通过各类审美实践活动促进个体形成完美人格，实现"人的自由而全面发展"。在此背景下，我国高校美育应依据美育理论和"以美成人"的核心教育目标提升大学生的审美水平和审美能力，丰富他们的心灵，激发他们对美的热爱和追求，从而实现人性的全面解放，成为自由、全面、和谐发展的大学生。

二、美育的特点

美育主要通过利用美的事物感染、熏陶个体，陶冶其心灵，提升其情操和品格。因此，美育具有形象性、情感性、享受性、深远性和创造性等特点。

（一）形象性

美育的形象性主要包括艺术形象、人物形象、实物形象、语言形象、声音形象等。正因为美育具有如此多的形象，才能对人的感觉器官产生刺激，使人受到感染和陶冶，并对美产生愉悦。比如，一幅精妙绝伦的画，一首经久不衰的歌，一个情感丰富、情操高尚的艺术形象，一部好的小说等，都能直接作用于人的感官，激发人的审美情感。

（二）情感性

美育的情感性是指审美对象能激起感受者的感情活动。也就是说，无论是自然美、社会生活美，还是艺术美、科学美，都能以特有的魅力引起人们心理上的感受，唤起人们美好的情感，使人产生对客观事物的肯定或否定的态度和体验。对审美对象认识越深刻，心理上感受越深，情感体验就越强烈。因此，审美情感是一种高级情感，它是完全以审美对象是否能够满足人的心理和精神需要为转移的。

（三）享受性

美育的享受性是指运用审美对象进行教育，不必进行理论性的说服动员，更不必用强制的方式，美就能以自身的魅力吸引人，使人自觉自愿地按自己的心理需要和兴趣爱好去追求它、体验它。

（四）深远性

美育的深远性指的是它在陶冶人心灵的过程中造成了深远的影响。它如春风化雨，点滴滋润，天长日久，可铭心刻骨。因此，美育是人的道德纯洁、精神丰富、体脑健全的强大源泉，而且人在长时间得到美育熏陶时，能树立完美的人格，形成完美的心理结构和意向。这种心理结构和意向一经形成，就具有较大的稳定性，甚至能对一个人的一生起到良好的作用。

（五）创造性

在美育的过程中，被教育者不只是单纯地感受、鉴赏或接受美，而且具有创造性。这种创造不局限于头脑之中，而是被教育者根据自己对美的理解重新创造美的物体，在这个过程中再次接受美的教育。美育的创造性是想象变为现实、精神变为物质的重要桥梁，它能促进人的个性发展。

美育的这些特点，揭示了美育的独特作用和特有教育形式。因此，它对人的教育和影响是某些德育手段所不能达到的，且它能够触及、影响甚至改变人的内心世界，使人变得高尚，因此它是实现人的全面和谐发展的重要手段。

三、美育在大学生成长中的作用

（一）以美启真，有利于大学生养成健全人格

通过美育和思想政治教育可以引导大学生养成健全人格，主要表现在以下三个方面。

1.提高大学生人格的情感性

大学生是否具有饱满的情感以及浓郁的生机是衡量其具有健全人格的重要指标之一。美育注重培养大学生的感性思维和情感体验，使大学生在美育中体会多种情绪，感悟人间百味。美育可以对大学生施加情感刺激，使其在亲身感受情感的过程中实现人格情感的升华。

2.提高大学生人格的整体性

美育不仅能满足学生对知识的渴求，还能通过美的教育促使大学生实现全面发展。具体来说，美育可以促进学生的感性思维与理性思维的和谐发展，还能提升感性思维和理性思维的高度，使他们成为一个完整且自主的人。德国哲学家席勒（Schiller）曾指出："美可以成为一种手段，使人由素材达到形式，由感觉达到规律，由有限存在达到绝对存在。"❶从这一观点可以看出，美育需要与其他教育形式紧密结合，并在保证自由发展的基础上，尊重学生的个体差异和共性，将他们培养成具有独立人格的人，促使其实现全面发展。

3.提高大学生人格的超越性

在面对诸如学业、就业和经济等多方面的社会压力时，大学生经常会出现精神紧张，更重要的是这种紧张引发的内心不适很难缓解。在此种情况下，美育就显得尤其重要。它为大学生提供了一个更轻松和自由的学习环境，其教育过程与传统填鸭式有显著区别，使大学生不再承受应试教育的巨大压力。美育课程可以让学生在视觉和听觉等多个感官层面得到愉悦和启发，这在一定程度上缓解了他

---

❶ 席勒.美育书简[M].徐恒醇,译.北京：中国文联出版公司，1984：102.

们的心理压力，让其释放自己的愁苦。此外，美育课程鼓励学生暂时放下繁重的学术任务和日常琐事，全身心地投入审美体验中，寻找和重建他们内心深处的精神家园，追求自己的理想。综上所述，美育不仅有助于提升大学生的审美修养和审美能力，还能促进他们实现人格层面上的超越，最终塑造完美人格。

（二）以美育德，有利于培育大学生高尚的情操

美育可以使大学生形成高尚的道德情操，主要表现在以下两个方面。

1.引导大学生树立正确的世界观、人生观和价值观

对于身处关键成长阶段的大学生而言，美育不仅是一种审美熏陶，更是一种价值观的引导和人格的塑造。在这个特殊阶段，美育通过审美经验的累积帮助学生树立正确的世界观、人生观和价值观。具体来说，它利用美的吸引力使大学生感受到自然和生活的深情厚意，帮助学生树立正确的世界观；借助美的力量，激发大学生对卓越和创造的追求，助力学生树立正确的人生观；通过美的和谐，强调社会责任和个人幸福，帮助学生树立正确的价值观。美育理念的理想追求与社会政治理想是紧密联系的。习近平总书记在文艺工作座谈会上指出："追求真善美是文艺的永恒价值。艺术的最高境界就是让人动心，让人们的灵魂经受洗礼，让人们发现自然的美、生活的美、心灵的美。我们要通过文艺作品传递真善美，传递向上向善的价值观，引导人们增强道德判断力和道德荣誉感，向往和追求讲道德、尊道德、守道德的生活。只要中华民族一代接着一代追求真善美的道德境界，我们的民族就永远健康向上、永远充满希望。"显然，能够触动人灵魂的艺术教育可以作为美育的一种特殊教育路径，引导大学生追求真善美，养成积极的生活态度，树立正确的世界观、人生观、价值观。

2.培育大学生高尚的道德情操

由于美育本身具有一种难以言喻的情感传递能力，它能在不经意间影响大学生的道德认知和情感反应。通常情况下，人只有内心有道德，才能在内心的指引下做出符合道德的行为，法律同样如此，当人内心有遵循法律的理念时才会真正地在实践中遵循法律。美育通过运用社会和文化中蕴含的美的元素，触

发学生的情感共鸣和审美追求，激发其学习优秀榜样，进而实现全面成长。同时帮助他们根据情感变化准确地分辨是非美丑，实现道德情操的提升。如今，社会压力普遍巨大，甚至价值观都出现扭曲，越发凸显美育的重要性。通过美育，我们可以培养出具有感恩、博爱、宽容和诚信精神的年轻人，可以使他们主动为社会主义现代化建设贡献自己的力量，提升其思想境界，培养高尚的道德情操，实现全面发展。

（三）以美养智，有利于培养大学生的创新能力

美育对大学生而言价值巨大，能丰富其知识储备、能开阔其视野、能提升其思维高度，美育的形式五花八门，相应的实践活动更是层出不穷。美育的育人功能主要体现在以下两个方面。

1.培养大学生的创新能力

创新是人类社会进步的关键因素，也是个体成长的根本动力。高校在中国教育体系中担负着培养具有创新精神的人才的重任。美育通过绘画、音乐、戏剧等多样化的活动为学生提供了一个展示个性、发挥主观能动性、挖掘自身内在潜质的特殊平台，促使学生展开丰富的想象，大胆创新。许多历史上的科学突破和革新都来自那些能以富有想象和创造性的方式思考问题的人。

换言之，创新能力并不只依赖于逻辑思维和理性分析，也源于抽象思维和感性认知，当理性和感性相互作用、逻辑和抽象相互影响时，人们就能具备无穷的创新能力。

2.开阔大学生的知识领域

美育不仅包括传统的艺术形式，还包括对自然、历史和手工艺品等多方面的认识和欣赏，这些多元化的教育资源能帮助学生拓宽视野，增加他们的知识量。美是无处不在的，通过美育，学生不仅能体验美的不同层面，增长审美经验，还能在体验过程中了解科学原理、民族文化，获取生活智慧。简言之，美育活动能在悄无声息间激发学生的学习积极性，完善他们的审美观点，提升其审美能力，帮助他们树立正确的审美价值观，引导其"按照美的规律"去建构

自身，促进大学生的全面发展。

综上所述，美育在促进大学生创新和拓宽知识领域方面具有不可或缺的重要作用。每一步社会进步或科技革新背后都有人类对美的持久追求。美育不仅推动学生在探究科学和理解世界的旅程中不断前行，也为中国特色社会主义的发展提供了强有力的支持。

第二节　大学生美育管理的要求

为了更好地适应复杂多变的社会生活环境，消除大学生复杂的心理因素，充分利用美育内容的多样性，大学生的美育管理必须满足以下要求。

一、使大学生具有美的情感

美的东西总是能激发人的情感。因此，在美育管理中，要努力用美的事物和形象来陶冶大学生，打动大学生的心。大学生对美的东西有了浓郁的情感，对丑的事物、不文明的行为就会感到痛恨、厌恶。因此，在美育实施中，我们要善于观察大学生情绪情感的变化，并了解、分析引起变化的原因，从而为制订或修改美育计划提供依据。

二、使大学生具有美的精神追求

当代大学生生活在一个多元开放的社会环境当中，本身年纪不大，精力充沛，又具备较高的文化素养，自然会对精神丰富的生活有更高地期待。但因为每个人的文化背景、思维模式以及对美的认识和感受能力不同，因而每个人追求美的标准和追求美的行为也就不同。美育管理的主要任务是通过使用恰当的手段引导学生正确地认识美、理解美、追求美，同时为他们追求美提供帮助。如今，许多高校现都积极鼓励和支持学生创建各类与美学有关的社团和组织，如美学研究会、摄影联盟、书法和绘画社团、音乐和戏剧社团等文艺活动群体，还为他们举办各种类型的美学活动提供帮助。学校通过多样化的活动引导学生去追求一种全方位的美，即包含外在美、心灵美以及行为美的"自身美"。这不仅有助于塑造当代大学生的整体形象，而且有助于展现新时代中国大学生对"美"的深刻理解和精神追求。通过这样的综合管理和指导，可以有效减少学生对于庸俗、低级审美刺激的追求，还能批判一味地模仿西方流行文化和过度关注物质享受等不健康现象。

三、使大学生具有审美能力

美的创造必须以审美能力为条件。不具备审美能力的人是难以甚至不可能按美的规律塑造物体的。大学生的审美能力，不但包含审美感觉能力，还包含审美抽象思维力、审美想象力和审美创造力，以及鉴赏和评价美的能力。这些审美能力的养成，往往离不开艺术作品。因为艺术是通过形象反映客观世界和现实生活的，而且比现实生活中的美更高、更强烈、更集中、更典型、更理想，所以大学生通过艺术欣赏和评价，懂得什么是美、什么是丑，懂得怎样表现美和创造美，懂得如何热爱美和维护美。我们的美育管理，要着眼于系统化、制度化和艺术化，充分利用可利用的时间、空间进行审美教育，使培养的大学生具有较强的审美能力，掌握较多的审美知识。只有这样，他们才能自觉地与资产阶级的庸俗低级的审美趣味、审美意识划清界限，与剥削阶级的腐朽思想、卑劣的道德行为进行斗争。

四、使大学生具有美的人品

美的人品是指人具有高尚的道德和人格。美的人品的养成，需要德、智、体、美、劳等诸育的相互配合、渗透和促进，而其中的美育在养成大学生良好的人品方面具有独特的作用。这是因为，自然美、社会美和艺术美最容易进入大学生的"精神世界"，大学生在美的感受和熏陶中，由情感的陶冶得到道德上的净化，进而形成高尚的人格。美育管理就是要引导大学生通过对周围世界的美的鉴赏与体验养成美的心灵、美的行为和美的品格。从古至今，美育一直受到教育家的极大重视，并努力实施美育，使受教育者成为完美之人。今天，我们要继承和发扬这种教育传统，结合大学生思想和道德上的特点和弱点，用各种美来陶冶大学生的情操，使大学生成为具有高尚道德和人格的社会主义建设人才。

五、使大学生具有为实现美好理想而奋斗的精神

大学生是富有进取心、富有创新精神的群体，但由于他们的理论和实践根基较浅，还不是很理解美好理想的实现要从最基本的小事干起，需要有一个艰苦奋斗的过程。因此，在美育管理中，要把大学生的审美情感引向对自己的事业热烈而深沉的爱，引导他们用自己的智慧和双手去实现社会主义的现代化建设，通过艰苦的劳动去创造美好的未来。培养大学生的这种意识和精神，当然必须贯穿所有教育和教学的过程，而美育则能增强大学生对一切美好事物的追求，激励他们为实现美好理想而艰苦奋斗地学习和工作。例如，在社会美中，由于人们创造性的劳动出现了许多动人的壮美的东西，大学生接触了它，就能加深对社会、对人生的认识，就能坚定自己的生活意志，唤起使命感，把今天的学习和今后的工作紧密联系起来，树立起为实现祖国的繁荣富强和美好的未来而奋斗终生的精神。

为达到美育管理的基本要求，在实施美育的过程中，教育者要做到以下几点：一要了解大学生，理解大学生，用正确的美育观点对他们进行教育，引导他们在审美中克服弱点，培养自己的美感，促进身心的发展。二要面向大多数大学生。实施美育要采取有效措施提高广大大学生的审美素养和审美能力，

如开展丰富多彩的文化艺术和体育活动、普及美育知识、开设艺术课程等。三要循序渐进、持之以恒。人的审美能力和修养不是一朝一夕能培养起来的，只有循序渐进、持之以恒，才能有所收获和提高，逐渐提高大学生的审美能力。四要注意审美教育的主题。美育是多层次的，实施美育应结合大学生的特点和要求，将艺术美感、大自然美感、心灵美感和自我美感的教育，有所侧重并相互渗透地进行，达到和谐的统一。五要晓之以理、动之以情、导之以行。美育的成效不在于强制大学生被动地接受某些东西，而在于通过审美活动，晓之以理、动之以情，去启发引导大学生自己有意识地去从事某些美的活动，在活动中接受教育，激发对美的追求并身体力行。

第三节　新媒体时代大学生审美价值观的培育

一、新媒体概述

（一）新媒体的内涵

传统媒体主要包括报纸、邮件、户外广告、广播和电视等，是依赖机械设备定期向公众传达信息以及提供教育和娱乐内容的平台。而新媒体这一概念是相对于传统媒体而言的一种先进科技与传播手段紧密融合而成的信息传播平台。这种平台是在网络技术、数字信息技术、大数据技术、云计算技术等当代技术的基础上形成的，具备交互性、融合性、数字化和个性化服务等多个特性。通常情况下，作为时空概念的时代的定义与人类在该时间段的活动有直接关系，是影响人意识的客观环境。基于此，新媒体时代的定义为一个由网络技术、数字信息技术、大数据技术、云计算技术等现代技术提供技术支持的，互联网、网络媒体以及智能终端设备迅速发展，以微博、微信、微视频以及智能移动终端为代表,创设的具有交互性、融合性、数字化、个性化服务的信息传播环境的网络时空形态。

(二)新媒体的特点

1.新媒体具有虚拟性

通常情况下,人们在新媒体中的身份是抽象的,可以用化名或图标来表示,这种现象在QQ、微信等即时通信工具中尤其明显。人们可以通过网络实现聊天,即使是来自不同地区、拥有不同文化背景甚至来自不同国家的人也可相互交流,网络为人们交流提供了一个平等的、无约束的平台,这体现了新媒体的虚拟性。

2.新媒体具有开放性

传统媒体时代,人们相互交流、传递信息只能通过写信、报纸、广播等方式实现,不仅时间长、地点受限,还不能传递大量内容,更重要的是无法自由选择信息内容。新媒体的出现不仅赋予了人们无视时间和空间获取海量信息的能力,还能让人们自由选择想要了解的内容,其开放性极其显著。

3.新媒体具有交互性

传统媒体时代的信息传递都是单向的,人们想要发表反馈并不方便,也无法实现人与媒体的互动。而新媒体具有高度的双向交互性,还拥有完整的反馈机制。人们不仅可以快速地传递和接收信息,实现交流互动,还能及时发表、获得反馈,极大地方便了人们的生活。

4.新媒体具有即时性

传统媒体时代的信息传播无论是时间、地点还是方式都有很大的局限性,都导致很多人需要等待很长的时间才能接收信息。但在新媒体迅速发展的今天,信息的传播可以通过新媒体摆脱时空的限制,在一瞬间就能完成信息的生成、传播和接收,尤其是在5G技术广泛应用后,信息的传播速度得到质的提升,人们只需花费极短的时间就能获取国内乃至世界上一刻发布的所有实时信息,凸显了其即时性特点。

5.新媒体具有移动性

随着现代无线网络技术和移动技术的发展，特别是5G技术的大规模应用，大大加强了新媒体的移动性。现如今，人们通过智能手机等移动设备已经可以实现新闻浏览和社交互动，无论是在家中、办公室，还是在公共交通工具上都能更快捷地实现信息的获取和分享。新媒体的移动性是未来发展的核心特征。

二、审美价值观概述

（一）审美价值观的内涵

马克思在1844年的经济学哲学手稿中，强调了人的自我肯定主要包括三种形式，分别是实践、感觉和思维。马克思提到人就是在客观世界中用自己的全部感觉来肯定自己[1]。这种理论观点其实就是审美，即根据"美的规律"创作。价值观是人类的一种心理观念，也是人与物质世界及社会环境互动的结果。审美价值观在现实中是存在的，但并不依赖于人的意识而存，它被认为是一个持续演进的动态过程。审美价值观是依据马克思提出的"美的规律"来塑造的，必须充分考虑审美活动本身的独特性。根据马克思美学理论，人们日常生活中的审美活动也是马克思美学观点的重要组成部分。随着人类心智和社会的发展，审美的重要性日益突出。先前，马克思美学理论为我们提供了探究美的性质和价值观的理论框架和实践指南，对理解和分析审美价值观也产生了积极影响。审美价值观最终体现的是生命的价值。通过现实生活中对美学的应用和解读，我们能更准确地掌握美的价值和意义，也能更加深入地了解美学如何影响我们的生命和人生。因此，我们对审美价值观的本质进行深入研究能够揭示"美"的真正标准和真实内涵。

---

[1] 中共中央马克思恩格斯列宁斯大林著作编译局.1844年经济学哲学手稿[M].3版.北京：人民出版社，2000：87.

（二）审美价值观的本质

从本质上讲，审美价值观是主体与客体的统一。它与人之间存在深刻的联系，代表了客体和主体的统一。基于此可得出审美价值观的定义是作为社会意识的美反映出的具体客观内容或实际意义。美的本质是一种真实的外在现象，是对人类主观性的反映。想要实现真正的自由，首先要做的就是超越物质世界的限制。席勒的美学理论是在康德美学理念基础上得出的，其进一步探讨了人性在真实情境下寻求"真、善、美"的融合。在大学生中，学生的审美价值理念呈现多样性特点，有的高尚，有的平庸；有的前卫，有的保守，这些观念还涉及正误、好坏等不同维度。面对同一对象，一些大学生可能持欣赏的态度，而另一些可能持批判的态度，这种差异源于他们自身所具有的不同的审美观点。这种多样性揭示了矛盾的普遍存在，以及与客观现实的辩证关系。大学生的审美价值观反映了其道德、价值和思维模式。在新媒体环境中，当大学生树立健康的审美价值观时，他们才能全面成长并为社会做出贡献。

（三）大学生的审美价值观

审美价值观指的是人们在认识和改造世界的过程中以审美方式追求的普适和基本价值的理念。健康的审美价值观有助于大学生构建正确的人生观和世界观。审美价值观为美的追求定向，它界定了物体对人的审美意义，并影响着人们对其的感受。艺术为人们提供了精神启示和审美教诲。因此，强调审美在价值观塑造过程中的重要作用是社会主义核心价值观培育的关键。对大学生而言，正确审美价值观的树立需要实现审美价值与生活价值的协调，而且这样做可以发挥引导作用，引导他们欣赏美好的事物，避免被网络中存在的低级趣味影响。高校美育应以大学生教育体系重要支撑者的角色出现，它能帮助大学生养成积极的人生价值观，树立正确的审美价值观。大学生核心价值观的塑造须强调审美和道德的共鸣，利用审美教育来提升其道德觉悟。尤其在新媒体时代，面对多变的网络环境，高校应确保大学生秉持正确的审美价值观，养成高尚的审美品德，在审美活动和日常生活中实现价值和谐，这对他们三观的形成具有深远影响。

三、新媒体在大学生审美教育中发挥的功能

（一）舆论导向功能

审美教育在整体素质教育中占据着关键位置，其核心使命是帮助人们树立健康的审美观，同时在接触和欣赏美的事物的过程，不断磨砺其性格，改善他们的社交态度，更重要的是帮助他们形成完美人格，具备独特的个性吸引力。对大学生而言，具备高尚的审美取向有助于其世界观、人生观和价值观的塑造。为大学生提供正确的审美导向是美育的关键职责之一，我们可以利用新媒体工具对大学生开展有针对性的审美教育，充分发挥这些平台的引导能力，确保教育目标的实现。

1.价值导向

新媒体具有广泛的传播力和高效的信息流转能力，因此审美教育者应在保证发布审美教育内容与主流社会价值观相吻合的情况下充分应用新媒体工具引导大学生进行审美实践，在其形成主流审美价值观后再接受进一步审美教育。

2.目标导向

新媒体不仅为大学生提供了自我表达的舞台，还能使他们接触到全球最新的文化，了解最新的艺术动态，激发了大学生使用新媒体的兴趣，促使他们主动参与新媒体审美教育信息创作当中。教育者还可以通过新媒体定期发布艺术和文化资讯来进一步提升学生的综合素质。

3.行为导向

新媒体具有塑造舆论的强大能力，这一优势也可以用来推广先进文化，帮助大学生树立正确价值观，同时引导大学生向先进文化看齐，在日常生活中坚持真、善、美，做出更合乎道德和审美标准的选择和判断。

（二）教育载体功能

在新媒体环境下，审美教育的实施和学生参与都发生了质的变化。新媒体的双向互动性为审美教育工作者和大学生提供了一个平台，可以帮助其实现更

高效的信息交换和知识共享。此外，这种交互性促进了教与学的深度融合，进而有助于提升审美教育成效。

1.新媒体使教育的主体和客体实现了双向的互动和交流

新媒体平台的诞生在一定程度上消除了教育者与受教育者之间的阶级性，推动了二者的平等对话和实质性互动。这一转变不仅加快了教学目标的达成速度，而且提升了教学内容和教学方法的灵活性。

2.新媒体使教育的主体和客体实现了教育资源的共享

新媒体平台允许审美教育工作者根据学生现有的审美水平提供定制化的资源和指导，而学生则可以借此平台获得他们所需的审美知识和信息。教育资源的共享不仅丰富了教学内容，还促进了大学生个人审美素养的提升。

（三）信息交流功能

新媒体平台相比传统媒体具有极大的优势，如快速传播力和广泛覆盖范围等，这些都有助于营造良好的审美教育氛围，这一点对于那些思想不成熟、社会经验缺乏且正处于价值观和世界观形成阶段的大学生而言尤其重要。要知道，大学生群体本身就对新鲜事物和热门话题极其敏感，也拥有强烈的参与愿望，教育者可以利用这一点实现审美教育。例如，教育者通过社交媒体分享高质量的艺术作品、展览信息或艺术家访谈等内容，营造完美的教学氛围，吸引学生的注意力，从而推动审美教育活动的开展。

四、新媒体背景下大学生审美价值观的塑造与影响因素

（一）利用新媒体传播塑造大学生正确的审美价值观

培养健康向上的审美价值观对大学生个体乃至群体而言都至关重要，因为它不仅影响到大学生的审美认知和价值观，而且与国家文化传承和弘扬有密切关系。而新媒体的独特性质使其成为引导大学生树立正确价值观、养成积极审美取向的有效平台。

1.塑造积极的审美价值观

在当代新媒体背景下,网络平台为塑造大学生正确的审美价值观提供了全新的途径。具体来说,新媒体的高度互动性和广泛覆盖力赋予了它传递正向社会价值和激发学生审美兴趣的能力。首先,教育者可以通过微博、微信、抖音和快手等大学生日常接触的社交媒体工具精准地推送积极向上的内容,还可以通过这些渠道的衍生物定期发布与美学、文化或者模范有关的信息。大学生只要使用智能手机就不断地与这些健康信息相接触,使其在潜移默化间形成正确的审美价值观。其次,借助新媒体特有的"即时性"特点构建信息传播系统,确保大学生及时获取信息更新。这种"即时性"有一个比较特殊的名字——"快餐"文化,在这一背景下,信息的流转速度非常迅速。因此,教育者发布到新媒体平台上的内容应该是直接且全面的,以适应用户快速获取和阅读信息的习惯。在这个过程中,教育者还应注重培养学生的批判性思维,确保他们在接收信息的同时能对信息进行分析和思考,将单纯的刺激和知识升华为个人智慧,树立正确审美价值观。最后,教育者可以借助新媒体的传播力量有针对性地在各大平台推广关于艺术和美的正面信息,同时借助学生喜欢的应用程序吸引他们去探索和欣赏美的各个方面,进一步引导他们形成健康、正确的审美价值观。

2.构建正确的审美价值理念

技术进步使新媒体环境越来越复杂,其内容包含了大量美和不美的元素,对人们的生活、精神以及审美观念产生了巨大影响。众所周知,人类的天性是向往美好的,这使人们在新媒体的信息传播中主动寻求真实、积极、正面且美好的内容。从审美学角度来看,新媒体传播活动应恪守美的原则,实现真、善、美的有机融合,从而保证传播的有效性。但是,新媒体也饱受虚假信息、网络谣言和网络暴力等问题的困扰,这些都违背了马克思主义美学的核心价值观,阻碍了社会的和谐发展。新媒体之所以会出现这些问题,主要是因为在处理人与技术的"外部"和"内部"关系时失去了平衡和尺度。任何事物都有两面性,当超过其中一面的极限时就很容易出现反作用,新媒体也不例外。新媒体技术虽然赋予了每个人传播信息的能力，但这种便利性也导致了一种特殊的社会异化，即生出排除异己的想法或将其他人视为敌对。当人们长期沉浸在互联网当中，也不再思考和创造，那人们就会丧失理性的批判性思维和正确的审美判断。因此，构建正确的审美价值理念是实现人的全面发展，乃至社会主义愿景的重要一步。

3.营造大学生审美价值观的形成氛围

新媒体的影响力并不局限于单一组织或个体，而是渗透到社会乃至全球的各个层面。针对其这一特性，我们可以整合来自社会、学校、家庭以及学生个体等方面的多元资源，创造一个可以进行文化交流、有助于大学生树立正确三观的环境，促使大学生树立正确的审美价值观，这一点对于正在成长中的大学生至关重要。在新媒体不断发展的过程中，平台作者需具备强烈的社会责任感，避免为吸引眼球而增加流量而制作低质量或不健康的内容，以防损害年轻人，特别是大学生的心理和审美发展。对大学生而言，除了依赖一个健康的外部环境，更关键的是学会如何在新媒体的海洋中进行有选择的遨游。他们需要掌握新媒体的使用技巧，提升自身的信息筛选能力，并在这个过程中形成正确的世界观、人生观和价值观。只有这样，他们才能在多元且复杂的新媒体环境中找到属于自己的审美方向，树立正确的审美价值观。

（二）新媒体背景下大学生审美价值观的影响因素

在新媒体背景下，大学生群体因其年轻和活跃成为网络文化传播和信息流转的主要参与者以及新媒体的主要使用者。对大学生来讲，新媒体环境充满吸引力，激发了大学生的好奇心，但随着互联网的发展，新媒体中包含的网络信息越发复杂和多元，这就导致大学生的审美价值不得不面临一系列挑战，如具备强视觉冲击力的元素、复杂多变的信息流等，这些挑战可能导致他们的审美价值观出现困惑或模糊。

1.大学生审美价值取向因素

大学生审美活动不仅是感受和评价美的过程，还在本质上涉及一系列价值判断，而且这些价值判断大多围绕"真、善、美"的综合标准进行。从深层次来看，审美关系是价值关系的具体体现，它反映了个体及社群的价值取向。新媒体最显著的特性就是开放性和多元性，这为大学生带来了丰富且复杂的审美观念，长期处于这样的环境下，大学生的审美取向也变得更加多样。然而，网络空间不仅存在丰富知识和拓宽视野的内容，也存在各种负面或误导性的信息，更重要的是当前缺乏对新媒体内容的有效监督，这使大学生在网络中遨游时很容易受到虚假、错误、颓废等信息或元素的影响。而且网络中存在的不良信息与马克思主义美学中对"真"的追求背道而驰，也与正确的审美价值观格格不入。因此，高校有责任运用马克思主义理论对大学生进行审美教育，尤其要注重学生审美价值观的培养。为了保证在校大学生的身心健康发展，高校不仅要对高校外部环境进行规范和优化，还应教授学生如何正确使用新媒体技术以及如何在新媒体环境中做出正确的选择，从而树立正确的价值观，形成正确的审美价值取向。总的来说，审美价值观在大学生世界观、人生观和价值观塑造过程中有着不可忽视的作用，换言之，大学生只有具备正确的审美价值观和审美价值取向，才能在复杂多变的新媒体环境中保持清晰和正确的方向感。

大学生的审美价值取向在今天不仅关乎年轻人自身的精神和文化发展，更影响到社会未来的价值导向。因此，对大学生来说，建立正确的世界观、人生观和价值观至关重要，这其中也包括对审美价值的正确理解和应用。为达到这一目标，不仅需要外部环境的引导和规范，更需要大学生自我增进审美修养，锤炼品格，成为富有理想和道德责任感的现代青年。

2.大学生审美价值趣味因素

数字时代下互联网和新媒体在科技进步的影响下不仅日益普及，还呈现极度复杂和多样的特点。身处这种环境下的大学生的审美观念也受到了巨大的影响，其审美趣味也逐渐变得越来越多元和复杂。此外，游戏直播、电商直播和短视频直播等依托于新媒体的各种各样的新型直播形式已经成为大学生日常生活的一部分，社交媒体上的网络名人还能通过在新媒体上分享个人生活以及与网友互动，这些举动都吸引了大量的关注和粉丝。虽然这种现象本身没有错，但由于网络名人的质量参差不齐，对大学生的心理和生活会产生了不同程度的影响。因此，大学生需要加强自己的审美鉴别能力，以便在这种多样和复杂的信息环境中形成健康和正确的审美价值观。

3.大学生审美价值体验因素

在新媒体环境中，人们对于即时信息和视觉元素的接触远比传统艺术作品更频繁和直接。这一点在大学生群体中表现得尤其明显，主要原因是大学生正好处在一个易受视觉和感官刺激影响的阶段。要知道，艺术作品本身就包含两个方面：一是其社会现实背景，也就是它所描绘或反映的生活现象；二是创作者的个人世界观，这两个方面一般都会在作品的形式和内容中得到体现。在这个新媒体繁荣发展的时代，视觉刺激通常被视作认知的起点，首先人们通过视觉器官观察到艺术作品的基本形态，然后大脑会对这些信息进行加工和处理，进而触发人对作品内容的进一步解读。由于互联网的开放、交互和虚拟特性，使人们的审美体验逐渐呈现多样化发展趋势，同时带来了新的活力和挑战。随着科技发展，互联网内容越来越丰富、多彩，这对大学生来说并不一定是一件好事，因为这些内容有可能会淡化他们在现实世界中的审美体验。虚拟世界的诞生为大学生提供了一个主要以视觉刺激为驱动力的新场域。例如，大学生通过在线游戏塑造个性化的角色，在虚拟环境中实现现实生活中难以达成的愿望。但是，这种太过美好的虚拟体验很容易导致他们出现审美上的迷茫，甚至陷入其中，模糊现实与虚拟的界限，最终将虚幻视作真实，逐步丧失审美意识。通常情况下，大学生对新事物和视觉刺激更加敏感，容易迷恋于瞬间的快感和刺激，这不利于他们的身心健康和审美发展。考虑到大学生正处于思想观念塑造阶段，高校应该利用新媒体的先进技术为学生提供更加健康和多元的审美体验，促进学生审美认知能力的提升，同时帮助他们形成正确的审美价值观。

五、新媒体时代大学生审美价值观培育的对策

（一）以正确人生观引领大学生审美行为

1.通过实践活动感知审美能力

身处新媒体快速发展环境中的大学生经常沉浸于电子设备当中，如手机、平板等，这在一定程度上削弱了他们的审美感知力。因此，学生们需要暂时放下电子设备，积极参加社交活动，培养优雅的生活态度，在这个过程中大学生不仅要在努力工作的同时发现、创造美，还要时刻保持对自然、道德以及个人生活的全面欣赏，从中发现、欣赏、创造美。大学生参与审美实践活动首先要做的就是深入了解和欣赏多种形式的艺术和文化表达，激发自身情感，增进审美体验，享受审美的愉悦。学生需要增强自身对美与丑的判断能力，并将自身的审美欣赏推向更高和更深的层次。其次，大学生在审美实践活动中不应仅限于感知和体验，还需要具备从文化、知识和审美方面进行深度分析的能力，这样才能让他们在未来遇到不同的艺术作品和文化现象时做出更成熟的审美判断。最后，美不仅是个体创造性和想象力的产物，更是对生活和自然的深刻理解和热爱的反映。从太阳到月亮，从山川到河流，这些美丽的自然元素都是美的源泉，也具备我们共同认可的美。因此，大学生需要以生活和自然为导师，拓展他们的想象领域。综合而言，大学生应努力在实践中不断提升自己的审美修养和审美能力，以便形成正确的人生观和引导自己的审美行为。

2.丰富审美意识，提高审美素养

新媒体环境对社会发展具有持续性影响，为了更好地适应这种新环境以及急速发展的趋势，高校应与其他相关主体（包括其他高校、专业人士等）展开合作，通过科学和合理地利用现代新媒体工具，发挥各自的优势，弥补自身的不足，全面提升大学生的审美素养和审美鉴赏力。马克思曾说："观念的东西

不外是移入人的头脑并在人的头脑中改造过的物质而已。"❶强调了思想观念和实践之间的动态关系，即观念往往是经验的抽象，并在实践中得以具体化，具备准确的思想认识才能提高大学生参与实践活动的自觉性。

互联网是一个高效的工具，但具有双面性，可能对大学生的生活产生正面或反面的影响。在这种情况下，学生应学会批判性地评估网络环境的益弊。同时，政府和社会应出台相应的网络安全法律法规，加强网络安全监管力度，创建一个有利于学生健康发展的网络环境，为大学生树立正确的审美价值观奠定坚实基础。现代社交媒体平台如微信、TikTok、Twitter、快手和微博等为大学生提供了一个相对私密和自由的交流空间。大学生在这些平台上浏览、传播、发表信息或寻找各种资源时应自觉地遵守相关法律和道德规范，同时筛选有用的信息，避免被不良信息或内容误导。此外，大学生不仅要在课堂上学习审美理论知识，还应通过参与各种艺术和文化活动来加强他们的审美认识，实现理论与实践的完美结合，这样既能增强其审美能力，也有助于他们在更广泛的文化和人文领域中获得全面发展。总体而言，审美教育不仅是大学生核心素养的一个重要组成部分，还是当前素质教育的关键要素，更是学生全面发展不可或缺的重要内容。

3.增强大学生美的行为的鉴别能力

随着新媒体技术的不断发展，大学生审美教育也面临许多全新的挑战，最主要的原因是大学生是新媒体的主力用户群体，所以新媒体对大学生的审美观和价值观会产生深刻影响。作为大学生主要培养机构的高校有责任通过应用创新的多媒体手段引导大学生做出美的行为以及为大学生审美成长塑造良好的环境。高校可以在教导学生的过程中运用在线博物馆和虚拟现实（VR）等新媒体工具丰富教学内容、创新教学方法，这样既能让学生学到审美知识，还能激发学生对美的鉴赏能力和评判能力。借助互联网的广泛共享性和便捷性，高校

---

❶ 中共中央马克思恩格斯列宁斯大林著作编译局.马克思恩格斯文集：第5卷[M].北京：人民出版社，2009：168.

还可以通过在线图书馆等信息传播平台来激发学生的学习热情。除此之外，高校还应该充分运用新媒体构建符合主流价值观的网络教育环境。例如，可以建立专门的思想政治教育网站或开设专门的教育课程来强化马克思主义和中国特色社会主义的教育传播。学生通过扫描网站二维码可以直接下载与"中华梦"以及社会主义新文明建设相关的教学资源，大大方便其进行自主学习。高校应该充分利用新媒体技术的优势，增强学生的学习积极性，引导其树立正确的人生观、价值观、审美观，同时不断提升学生的审美素养，增强审美教育的广度和深度，实现学生的审美发展以及全面成长。

4.提高审美境界，树立正确三观

人的世界观、价值观、人生观以及审美观均是人心理和认知活动的重要组成部分，很大程度上会受到社会、文化以及生产力发展的影响。大学生由于正处于思想和价值观念形成的关键时期，树立正确的世界观、人生观和价值观不仅有助于塑造健康的审美观，还能实现身心健康发展。在大学阶段，大学生通常会接触到各种不同的文化元素和价值观，他们可以从中学习到不同的审美准则和美学观点，再结合审美实践会逐渐树立正确的世界观、价值观和人生观，甚至树立远大理想。审美境界是大学生感受和理解世界的重要途径，它能让大学生对美有更透彻的认知，还能提升大学生的理解能力，端正其态度，激励大学生为实现更高的人生目标而努力。此外，审美境界能让大学生免于物质利益的诱惑，减轻其心理压力，从而更积极地面对人生的困境和挑战，实现自己的人生价值。思想政治教育应当注重引导，使学生树立正确的三观，实现自我提升，同时进一步强化他们在新媒体环境下的意识形态素养。新媒体作为现代社会最有影响力的传播平台，其在塑造大学生世界观、人生观、价值观和审美观方面的作用不可小觑，如果不加强管理和引导，错误或消极的思想很可能会趁机侵蚀大学生的思想，消弭其主流观念和思想意识，对大学生正确三观的树立产生威胁。因此，提高大学生的审美境界，帮助他们树立正确的三观显得尤其重要。

（二）引导新媒体美育内容，提高美育信息质量

在美育工作开展过程中，美育成效主要由教学内容的质量决定。如果美育教学内容既具有极强的时代特性，又具备丰富的知识，就能极大地提升美育活动的吸引力。因此，教育者应当灵活运用新媒体工具确保教育内容的时效性和多样性。具体做法：教育者可以先从新媒体中挑选出与艺术和审美教育紧密相关的信息，然后通过多元化的传播途径将其传达给学生。这样不仅能改善传统美育活动在内容和形式上的局限性，还能更精准地满足当代大学生的需求。但是，新媒体虽然在丰富教学资源方面存在显著优势，但其传播的多样性也使其面临一定的挑战，如内容的多元性和易于分散注意力等。考虑到这些因素，教育者在使用新媒体工具进行教学时，应本着"以人为本"的原则，切实考虑大学生群体的特性和他们对新媒体的实际需求，引导他们进行审美判断，以确保他们在日常生活中能做出合适的审美选择，进而全面提升他们的人文素养。

1.立足大学生使用新媒体情况

大学生群体正经历着人生当中重要的转变，他们的思想观念和心理状态尚处于形成和调整中，受新媒体环境影响很大，他们可以轻易获取多样的信息，但由于审美判断和社会实践经验相对不足，容易受到不良信息的影响。因此，高校中负责美育的专家和教育者需要深入了解这一特定人群的心理和认知特性，在新媒体环境中构建一个有助于他们审美素质成长的良好氛围，引导大学生进行正确的审美信息判断。

（1）由于大学生思想灵活，对新事物有着强烈的好奇心，美育工作者可以通过微博、微信等新媒体平台推广富有教育意义和实用性的美育内容，这种做法不仅充分利用了这一群体的心理特点优势，还最大限度地发挥了新媒体的便捷性和多元性。为了更有效地吸引大学生参与，美育工作者可以从学生关心的话题和兴趣出发，整合与美育相关的素材进行深度讨论，促进教育者和学生之间的互动，扩展美育的教育内容，增加学生对美育项目的参与度，进而在日常生活和学习中潜移默化地提高他们的审美观念和价值取向。

（2）传统的课堂美育方式可能无法激发当代大学生的兴趣，因此高校应运用更多元化和实时的方法来迎合学生的审美需求。例如，教育者可以通过新媒体平台将即将举办的艺术展览、音乐活动或者与人文科学相关的纪录片展示给学生看；向学生推荐优秀文学作品、经典电影等多元化的内容，尽可能地吸引学生的注意，激发其学习兴趣，并在此过程中逐步提升他们的综合素养。

（3）考虑到大学生思维更加开放，也容易受到各种信息的影响，美育教育者需要特别关注网络环境的健康与安全。一些学生可能在新媒体上发布不符合美育或道德准则的内容，这不仅破坏了校园内的美育氛围，也影响了正面价值观的形成。因此，美育工作者应采取相应的措施，如激励等促使学生发布有益于美育的内容，同时通过同学间的互动来营造一个健康的新媒体环境，换言之，以启发和激励为主，再辅以间接的引导，培养学生独立思考的能力，增强其道德责任感，让他们能对网络信息做出更加明智的判断。

2.满足大学生的现实需求

当前大学生使用新媒体主要是为了满足自己的社交、娱乐以及获取信息等需求，这不仅体现了新媒体在日常生活、学习和人际交往方面的多功能性，也为美育工作者提供了一个特殊的教育窗口，从这一角度出发，发布一些与大学生使用需求相符的内容以吸引学生注意力，从而更好地开展美育工作。

（1）教育者应当在新媒体平台上关注并筛选引起广泛关注的议题，通常这些内容对大学生群体具有更高的吸引力，如果能将其与美育课程有机融合，定然能提升课程的吸引力。一方面，美育工作者需正视新媒体作为美育工作开展的有效平台，并主动适应其特性，深入挖掘平台中存在的与美育相关的多样化的、前沿的资料，并在教学过程中引导学生合理利用这些资源，做出正确的选择，形成正确的审美观念。另一方面，美育工作者需要通过新媒体平台与学生展开互动和交流，精准掌握他们的兴趣和需求，实现传统美育课程的调整和创新，保证现代美育课程更符合学生的实际需求。通过新媒体与美育课程的有机结合，不仅增加了师生、生生之间的互动，还将美育效果扩展到了学生的日常生活，有效地解决了一些大学生群体目前正面临的问题，显著提升了美育的实效。

（2）为了让大学生能更适应多元的现代社会以及复杂的文化环境，高校美育工作者应注重提升学生的审美能力，增强其审美素养。这样做不仅能丰富其精神世界，还能指导其在审美活动中做出明智的选择。例如，一些学生可能会误将公众人物的炒作行为视为值得崇拜的个性表现，甚至将其视作偶像，模仿其行为，这就属于大学生对事物的审美出现了偏差。因此，借助新媒体这一具有高度开放性和互动性的平台，美育工作者应使用更符合大学生认知习惯的方式对其进行教育，提升其审美素养，促进他们形成正确的审美价值观。

（3）鉴于大学生在面对信息时更倾向于选择具有吸引力的内容，存在一定的自主选择性，因此美育工作者需要在开展美育工作的过程中采用多维度、多层次的教育方法使大学生养成自我教育的能力，并获得优异的教学成效。除了传统的课堂教学，美育工作者还可以通过新媒体平台激发大学生的自主能动性，提高其参与活动的积极性，养成自我教育的能力。具体来讲，美育工作者可以在新媒体平台上发布富有启发性的美学内容，激发大学生学习美学知识的兴趣，同时促使他们进行自我反思和自我解析，获得独特的审美体验，在具有美学价值的环境中发扬大学生个体的真、善、美，提高他们的审美素养。

（三）用正确价值观帮助大学生实现审美价值

在新媒体环境中，外界环境直接影响大学生的道德观念和审美意识。因此，美育工作者有责任强化和传播中华传统文化的优质元素，帮助大学生树立正确的价值观，形成积极健康的价值取向。具体策略包括运用高质量的信息内容来弘扬正能量，优化社会舆论，从而引导健康的审美风尚。

1.加强有价值信息的广泛运用

在如今新媒体技术飞速发展的背景下，高校美育工作者面临的一个超大挑战是，当代大学生非常喜欢使用互联网，但他们的审美判断力却十分有限，很容易受到互联网中存在的多样信息的影响。因此，美育工作者应借助各类新媒体工具，用正确的价值观引导学生树立正确的审美价值观。由于新媒体具有高度互动性，发布的信息很快就会引发广泛的社会讨论和反馈。在这种环境中，正面信息有助于他们实现个人的全面发展，而负面或有害的信息则有可能误导学生，这就需要大学生能够自行鉴别和选择。通常情况下，当人们对某个信息兴趣很大时会主动转发该信息，该信息只要被大量转发必然会形成社会舆论，因此大学生在新媒体平台上发布的信息最好是正面的，同时尽量不转发不良的信息，也不要因为抵制不良信息而口出恶言。对此，美育工作者应主动在各种新媒体平台上发布具有积极价值的信息，如宣传优秀社会模范、先进人物、优秀事迹等，通过传播正面、富有启示性的信息或带有正面意义的社会道德范例，帮助大学生养成良好的审美习惯，引导其树立正确的审美价值观，更重要的是通过传播正能量信息实现社会主义核心价值观的大范围宣传。总而言之，美育工作者应大力度传播网络环境中存在的正面信息，引导学生形成正确的审美价值观，从而确保高校美育工作顺利展开。

2.扩大社会舆论的审美标准功能

新媒体具有虚拟性和开放性等特点，这使在该环境开展针对性的美育工作变成了一项艰巨的任务。随着主流媒体影响力的持续减弱，新媒体空间中包含的信息更加多元，但也更容易被不实信息和错误价值观充斥。在这种情况下，大学生的审美价值观很容易受到误导，并导致偏差。这个现象在微博、微信、快手和抖音等应用程序中的表现尤其明显。近几年，这些新媒体平台已经深入大学生的日常生活，极大地影响了大学生的行为和观念，为大学生的生活、学习、娱乐提供了极大的便利，更重要的是在无形中塑造了大众，特别是大学生的审美取向和价值观。此外，这些平台大大简化了生活流程，可以实现在线购物、在线订餐以及在线交通等，但是复杂多变的网络环境可能会导致大学生的思想混乱，进而导致他们的世界观、人生观、价值观以及审美观出现偏差。因此，美育工作者有责任通过新媒体渠道积极传播正面、建设性的信息，以便更有效地引导社会舆论，强化社会舆论的审美标准功能，提高大学生对美的认识，辅助他们在复杂的环境中树立正确的人生观、价值观和世界观，实现审美价值。

3.促进大学生树立正确的审美价值观

对大学生而言，大学生涯是其人生发展的关键阶段，涉及如何平衡学习和生活、个人与社会的关系，如何具备生活技能、学术能力以及创造性思维等。其中，正确处理人与人、人与社会以及人与自然之间的关系无疑是基础中的基础，因此树立正确的价值观首当其冲，而且正确的价值观为树立正确审美价值观奠定了坚实的基础。

通常情况下，个体的审美关乎自身价值的实现，正确的审美价值观不仅影响个体做出正确的审美选择，在更广泛的层面上更是关乎人的全面发展、自我实现以及创造性表达等，进而达到人生"真、善、美"的统一。在新媒体环境中，由于信息的多元性和复杂性，缺乏判断力的大学生很容易被误导，甚至陷入对美丑、真假的错误判断。因此，美育工作者有责任针对大学生群体进行系统的以社会主义核心价值观为基础的审美价值观教育，提升大学生的审美鉴赏能力，帮助他们形成全面且均衡的审美价值观，培养他们成为符合中国特色社会主义要求的高素质人才，进一步推动社会的持续发展。

4.以传统文化的合理内容为标准加强美育

中华文明的深厚底蕴不仅构成了中华民族精神的根基，还为社会主义核心价值观的培育提供了丰富的营养土壤，而且是我们在全球文化舞台上能够稳稳站住脚的重要支柱。因此，我们有责任继承、弘扬优秀文化传统，寻求机会将其与审美教育进行有机结合，开展审美实践。在高校教育环境中，美育工作者不仅需要传授给学生关于"美"的知识以及欣赏美的能力，还需让他们构建社会主义核心价值观。当前时代背景要求我们不仅要传承中华民族优秀文化，更要创新性地发展我们民族的文化传统，尤其是其中蕴含的审美智慧。长久以来，美的价值在我国的文化和教育中地位显赫，甚至成为不可或缺的一部分。数千年的文化沉淀使我们始终致力于发现、感知、抒发、追求美。高校美育工作者应该激发大学生对传统文化的学习兴趣和情感依恋，增强他们在审美方面的自信感和文化认同感，通过传统美学与大学课程的有机融合，结合现代网络技术，以中国传统节日作为文化传播的触发点，让大学生在实践中真实感受文化中存在的审美元素。此外，在高校开展各类与传统文化相关的美育活动，营造积极的审美文化氛围，确保大学生能在生活和学习过程中感受到文化中蕴含的审美意境，同时将大量蕴含中国文化美学理念的内容发布在新媒体平台上，扩大中华优秀传统文化的影响力，增强大学生的文化自信，使其重拾美学。在新媒体的多元环境下，强化社会主义核心价值观、提升中国特色社会主义文化的凝聚力和影响力，是确保大学生在复杂信息环境下做出正确审美选择、树立正确审美价值观、实现个人发展的关键。

（四）加强新媒体队伍建设，强化审美教育的专业性

为了在新媒体背景下实现美育效果最大化，不仅需要传统的审美教育，还需要建立一支具备新媒体专长的专业美育团队，这种跨领域的专业团队是将美育工作扩展到互联网领域内的关键支撑，也是依托新媒体平台开展大学生美育工作的必然选择。

1.培养美育队伍应用新媒体的能力和素养

美育工作者作为美育工作的核心执行者，必须拥有坚实的理论基础和强大的实践能力。随着网络技术的迅猛发展，美育工作也需要与时俱进，持续更新教育技巧和方法。这不仅是当前高校美育工作面临的现实问题，更是决定美育成效的重要因素。

（1）美育工作者需要具备丰富的美学理论知识。当教育者具备丰富的理论知识时不仅能确保教学质量，还能够对大学生的人格产生深远影响。因此，美育工作者需要不断学习先进的理论知识，实现学科知识的不断更新，还要根据学生的需求和反馈灵活调整教学内容和教学方法，并从教学实践中汲取经验。

（2）美育工作者需要熟悉并适应新媒体环境。对教育者来讲，掌握新媒体的基本功能和运营逻辑是在这个平台上推进美育工作的关键。因此，他们需要主动学习并掌握与新媒体相关的技能和知识，以创新的方式应用新媒体的特性，最大化发挥其在大学生美育工作开展过程中的潜能。高校也应该主动组织新媒体培训，增强教育者的媒介素养，并建立一个平台供他们交流和学习，相互借鉴教育经验，提升新媒体美育的整体水平。

（3）美育工作者在美育实践过程中需要秉持平等的教学理念，积极主动地与学生互动。例如，美育工作者发布到新媒体平台上的内容应贴近学生的实际生活，同时合理搭配图像、音频等多媒体元素；他们也要及时收集和分析学生的反馈，从而更精确地选择和设计出有吸引力的教学素材。此外，美育工作者在内容制作和发布过程中应力求创新，避免陈词滥调，增加教育者与大学生的互动，缩小二者的心理距离。

2.增加师生的交流互动

当代大学生对传统的课堂教学根本提不起兴致，而且这种教学模式与他们寻求个性化、自主化学习方式的需求相矛盾。基于此背景下诞生的新媒体刚好为大学生提供了一个能以自己的兴趣为中心获取富有教育价值内容的平台。每个学生都有自己独特的审美理念和美学修养，需要的美育素材自然也是不相同的，但新媒体刚刚好能够为他们提供定制化的信息和资源。进一步地讲，新媒体不仅拓宽了大学生的社交网络，还为美育工作者提供了一个与学生进行双向互动的机会。通过这种方式，美育工作者能够更有效地针对学生的具体兴趣和需求进行指导，大大增强了其对美育理论的接受程度，激发其学习积极性，在不断创新中实现教育目的。

（1）当代大学生已经习惯将自己的各种状态发布在新媒体平台上，美育工作者通过这些实时、动态的信息就能了解大学生审美品位的变化以及个性化的需求。这种即时反馈可以作为一种诊断工具使教育者及时发现大学生在美学方面存在的不足，从而有针对性地改进教学策略，以适应学生群体的不断变化和多样性，增强美育效果，提升学生的整体美育水平。

（2）美育工作者应在新媒体环境下与大学生建立起平等、互尊的关系。对教育者来讲，他们不仅需要鼓励学生主动在这些平台上发表自己的观点，还要积极解答他们提出的问题，考虑他们给予的反馈，形成一种更接近于友情的师生关系，开展互动交流。此外，教育者还应尊重学生，认可其独立地位，凭借个人丰富的理论知识和优秀的个人魅力来赢得学生的尊重，实现新媒体平台的互动育人功能。

（3）新媒体为美育工作者和大学生之间进行多样化的互动与沟通提供了平台。教育者可以通过新媒体平台消除因师生身份差异形成的沟通障碍，使二者实现平等沟通，增强课堂内外的互动和反馈。同时，教育者也能在新媒体平台上分享教育实践经验，与其他教育者进行相互交流，进一步优化信息传播方式。此外，新媒体还为学生之间的交流提供了新的途径，实现价值信息的共享。

第四章

大学生安全管理研究

第一节　大学生安全教育研究

一、大学生安全教育的概念与特点

（一）大学生安全教育的概念

在探究大学生安全教育问题之前，明确"安全"一词的准确定义是至关重要的。"安全"在《职业健康安全管理体系　规范》（CB/T 28001—2001）中被描述为"免除了不可接受的损害风险的状态"。事实上，"安全"即为团队或者个体在实现目标过程中，提供一种风险小甚至无风险、相对稳定并且能够在某种程度上进行预期的环境，使团队或个体不会受到任何伤害或干扰，更不需要担心会发生任何意外[1]。简言之，所谓的"安全"其实就是"安"+"全"，何为安？即没危险；何为全？即没损害。从广义角度上讲，安全可以上升到地球安全、宇宙安全以及人类生存环境的安全；但从狭义角度讲，安全仅仅是人与周边环境更融洽，本书以后者为研究对象。想要构建一个安全的环境，最直接的方法就是开展安全教育。

安全教育，就是为了保证人的安全进行的教育活动，通过系统的教育培训向人们传授防范事故的措施和安全操作的技能，确保人们的安全。从某种角度上讲，安全教育与思想政治教育类似，通过向人们传授安全知识和技能，搭

---

[1] 余源培. 哲学辞典[M].上海：上海辞书出版社，2009：223.

配安全案例和历史教训，加强人们对不安全因素以及潜在危害规律的认识和掌握，从而保证教育的安全性。安全问题贯穿人类活动的各个方面，并直接关系到每个人的生命健康，因此，无论个体是否接受过专业教育，都应认真对待和主动参与安全教育。

大学生安全教育指的是高校为了确保教学活动顺利开展，保护学生的生命和财产，促进其身心健康发展，在遵循国家法律法规、学校规章制度的前提下，采用课堂教学、安全讲座、安全教育活动等多种方式传播与安全有关的法律法规、规章制度、安全知识和防护技巧等，切实提升大学生的自我保护能力，增强其安全意识，最终实现自我保护。

大学生安全教育并不仅仅是素质教育的重要组成，其与高校思想政治教育更是有着千丝万缕的联系。大学生安全教育的涵盖范围并不限于特定的时间段或领域，而是一个全方位、多维度地贯彻大学生整个大学阶段的教育过程。更重要的是，大学生安全教育除了传授相关的安全知识，最主要的目的是培养和塑造学生的安全意识，这直接影响大学生的未来职业发展和生活。随着社会环境和校园环境的不断变化，大学生安全教育也需要具备高度的灵活性、适应性以及实时更新的能力，从而确保教育目标和教育方法符合时代发展。

（二）大学生安全教育的特征

大学生安全教育的开展不仅顺应了时代和社会的发展，也满足了当前高校保持安全的实际需求，更是高等教育体系改革和当代大学生全面发展的综合要求的产物。当代大学生安全教育需要具备以下四个特点。

1.安全教育主体权责明晰

通常情况下，高校校园安全由专业的安保部门负责，该部门拥有专业的安全保卫人员，如安保教学科人员，他们是大学生安全教育工作的责任主体。当然，除了专业的安保部门，高校的学生管理部门、教务部门以及后勤部门等与学生工作相关的单位也具有一定的安保职责，需要积极参与大学生安全教育，明确职责和分工，团结协作，构建全面且协调的管理体系。

2.安全教育系统化和常规化

在当今时代，大学生安全教育已不再局限于传统的教育模式，而是更加注重在实际的教学管理中进行落实，甚至已经渗透到大学生的学习生活和个人成长中。目前，我们主要通过采用多种教学方法和宣传策略来进行安全教育教学，只为培养学生的安全意识、提升学生的安全技能。我们不仅为学生提供了专门的安全教育课程，还组建了经验丰富的教育团队，确保安全教育持续、稳定地开展，从而摒弃了单一的形式主义。

3.安全教育灵活性和针对性强

大学生群体是一个独特的群体，他们有着其他群体不具备的特殊性，他们是推动社会主义现代化建设的关键一环，同时因社会经验不足容易成为被欺诈的目标，尤其是许多大学生在安全意识和防范知识方面表现出明显的不足，这使其在遭遇困境时可能会选择不当甚至是极端的方式，最终引发事故。因此，针对大学生的安全教育显得尤其重要。大学生安全教育需要针对大学生的特性，结合环境、季节和学生实际情况进行定期和针对性的安全教育培训，确保这种教育伴随他们在校的每一时刻。这种安全教育方式既灵活，又具有高度的针对性。

4.安全教育内容和方法与时俱进

随着我国改革开放的深入和科技的急速进步，社会的每一个角落都在经历着前所未有的挑战与竞争。在这一背景下，大学生安全教育亦应及时适应并做出调整。如今，高校正在结合社会发展灵活调整其教育内容与策略，以更好地满足当前社会的需求。高校教育者需要不断更新其教育策略，重点加强个人安全、网络安全、公共场所安全及心理健康方面的培训，以确保其教育内容的及时性和多样性。为了更有效地传达安全信息，高校还需利用在线课程和新媒体平台等网络资源来增强宣传的效果。

二、大学生安全教育的目标与内容

对于大学生来说，安全教育一直被视为"全人教育"的核心环节。因此，在深入开展大学生安全教育之前，首要任务是明确安全教育目标和内容，并做出精准的定位，只有这样我们才能真正强化大学生的安全自觉，确保高校安全教育管理得到有力执行。

（一）大学生安全教育的目标

对大学生实施安全教育，不仅是为了保证他们的人身安全和财产安全、促进其身心健康发展，还是为了营造校园的稳定与和谐，从而确保教学活动顺利进行。基于此，我们认为安全教育应该达成以下三大目标。

1.使大学生学好安全防范的知识和技能，增强自我防范能力

当前大学校园的安全隐患日益凸显。在这样的背景下，对大学生进行安全教育和培训就显得至关重要。他们需要对安全问题的成因、特征和模式有深入的了解，并熟练掌握预防和应对的策略。通过安全教育，大学生不但能积累丰富的生活经验，增强日常生活的自我管理，还能锻炼其辨析事物的能力，避免走入误区。此外，他们在接受安全教育和培训后不仅能在事故发生时保护自己，更能辐射到身边的同学、朋友，共同为营造积极的学习氛围、优良的校园文化以及维护社会和谐出一份力。

2.使大学生树立正确的人生观和价值观

我国目前正处于社会变迁的过程中，传统的道德观和价值观正经受前所未有的考验，这导致部分大学生在应对错综复杂的社会情境时经常感到困惑和茫然，这就需要正确人生观和价值观的指引。而大学生的人生观和价值观深受时代背景的影响，具备显著的动态性与可塑性，此时对他们进行安全教育并传授其安全策略，实际上是用一个深入的、富有现实感的方式来引导他们塑造和树立正确的人生观和价值观，因此其意义重大。

3.实现高校精神文明建设与和谐校园建设

高校作为大学生人才培养的重要场所，必须具备一个安全、平衡、协调的学习环境。通过对大学生开展安全教育，我们不仅能够深化他们的安全意识，提升他们面对紧急情况的应对策略，还可以培养他们形成安全观念，鼓励他们

积极遵循学校的各项规章制度。这样做将在校内创造出一个相对安全且极为和谐的环境，赋予校园和平与宁静。只有在这样的环境下，教育者才能更加专注于教学、研究和行政管理，大学生也能够有条不紊地规划自己在大学阶段的学习和生活。可以说，一个稳定平和的校园环境不仅有助于形成优良的学术氛围和校园文化，还能加快高校的文明建设步伐。

（二）大学生安全教育的内容

大学生安全教育的内容五花八门，主要包括以下几方面。

1.安全意识教育

大学生安全意识教育是高校综合教育体系中至关重要的一环，不仅影响到学生的身心健康发展以及全面发展，还关系着学校的教育质量、整体稳定性以及社会和国家层面的和谐与进步。高校应通过多种教育途径系统地强化大学生的自我保护意识和安全预防意识，确保他们的生命安全和财产安全。安全意识教育主要涉及以下三个方面。

（1）大学生是实现社会主义现代化和中国梦的关键群体，他们是否具备国家安全意识对国家的稳固和长久繁荣具有直接影响。因此，开展安全意识教育，重点加强大学生对国家安全方面知识的认识和理解，提升他们的国家安全观意识，对国家的健康和持久发展至关重要。

（2）生命的唯一性使生命安全意识教育变得尤其重要。它旨在帮助学生形成科学、正确、积极的生命价值观。当大学生具备这种意识时能更加理智地应对日常生活中的所有挑战，保护自己的身心健康，更好地体验生活的美好。

（3）虽然互联网为社会提供了极大的便捷，但网络安全意识薄弱的大学生很容易因个人疏忽发表不良的信息或做出不良的行为，有时甚至可能危害到国家的军事安全、商业安全等。因此，高校需要对大学生进行全方位的网络安全意识教育，如网络信息安全意识教育、防止网络成瘾意识教育以及网络系统保护意识教育等。

2.安全知识教育

众所周知，安全知识内容极其丰富，涉及的行业和领域极其广泛，本研究作为安全教育领域的专业探讨，对与大学生密切相关的各类安全知识进行了分类，主要包含以下四个方面。

（1）意识形态方面的安全知识。意识形态是基于特定社会经济背景上产生的系统的价值理念。学习这些知识可以帮助大学生形成正确的意识形态，更加坚定地秉持社会主义核心价值观，防范西方资本主义思想的潜在影响。这一方面的知识主要涵盖了国家安全教育、政治安全教育以及文化安全教育，避免大学生因思想意识形态出现偏差对国家安全和国家利益造成损害。

（2）法律法规中的安全知识。我们作为中国一员，除了要熟悉道路交通安全法、社会治安管理法等与安全相关的国家法律法规，还需要掌握如何在自身权益受到侵害时依法维权。大学生因为主要生活在校园当中，需要掌握校园规章制度以及如何在意外情况发生时依法、科学、合规地应对。

（3）与日常生活息息相关的安全知识。在日常生活中，我们总是会遇到各种各样无法躲避的问题和挑战，我们只能积极地应对，因此我们需要了解并掌握自然灾害或公共安全事故发生时的应对方法。而且由于高校学生数量庞大，应对火灾或地震等突发险情时的自救能力尤其重要。当大学生掌握这些日常安全知识和技能时能在遇到危险情况时及时做出有效应对。

（4）心理健康方面的安全知识。当前社会节奏快、压力大、竞争激烈，大学生需要学会正确地管理和调节自身的情感和心态，维护身心健康，保持乐观心态，预防出现自残或自杀等对个人生命安全造成威胁的事件发生。

3.安全责任教育

大学生安全责任教育的目的在于确保每位学生明确了解自己在法律框架下对安全应承担的职责。加强安全责任教育能培育学生的责任感，激发他们主动学习安全知识、掌握安全技能，保护自己和他人的安全，为社会和谐稳定做出贡献。大学生安全责任教育的核心可以概括为以下三个要点。

（1）根据我国法律可知，年满18周岁的人就被视为具有完全民事权利的公民。大多数的大学生都在此年龄段（少数年轻大学生除外），他们对自己的行为和可能造成的后果有明确的判断。因此，他们必须对自己的行为负责，并承担相应的法律责任。

（2）大学生作为高等教育的对象有责任和能力采用合适的策略或方式预防潜在的安全风险，减少事故发生的可能性，从而避免受到不正当的伤害。

（3）每位大学生都有预防安全事故发生的责任。若因其疏忽导致事故，对他人、学校以及社会造成损害，该生作为责任方需要为此承担法律责任。

4.安全技能教育

在日常生活当中，有些人很容易混淆安全技能和安全知识的概念。事实上，尽管两者都涉及安全的内容，但它们之间仍存在显著的差异。安全教育是基于安全知识的掌握进行的教育，其更进一步的追求是安全技能的熟练应用。安全技能主要分为以下两大类。

（1）与特定职业相关的安全操作技巧。当大学生进入职场后，他们不仅需要精通其工作职责内的特定操作和技巧，还需要按照明确的安全操作规程进行工作，从而确保工作过程中不会因操作错误而引发安全事故，这一环节无论是对他们自己还是企业乃至整个社会都至关重要。

（2）在日常生活中应对安全威胁时的紧急应对和自救技能。当大学生遭遇到自然灾害或社会突发事件等不可预测的事件时，需要有能力应对和保护自身安全。这类技能培训的目标是提高大学生在面对各种突发情况时的反应速度和处理策略，如在遭遇地震、洪水等灾害时能够自主生存的策略以及面对巨大心理压力时的抗压策略。要想真正掌握这些技能，不仅需要对大学生进行系统的安全教育，还要求大学生在日常生活中进行多方位、多角度的练习，从而保证其在实践中的正确应用。

三、大学生安全教育的价值诉求

安全教育在大学生教育中拥有不可忽视的重要地位，更是大学生德育的关键环节。大学生安全教育不只是为了确保其个人和财产的安全，而是为了提升其综合素养，实现全面发展，也是为了建立一个宁静、有序、协调的学校氛围。

（一）解决大学生安全问题的现实需要

当前发生在大学校园内的安全事故大多数与大学生安全意识薄弱有关。这些事故不只对受害大学生的经济、生理和心理造成损伤，也给家庭和社会带来了深远的影响。因此，高校应当认真反思，通过多样化的方式增强大学生的安全防范意识，确保校园环境的安全，降低安全事故发生的风险，真正地对每一位大学生的生命和财产承担起责任。

（二）促进大学生成长成才的主体性需求

随着科技和经济的持续进步，社交环境也更加多变。虽然生活越发便捷，但这也意味着社会对于工作、教育和日常生活的期望相应升高，特别是实现人的全方位发展。为应对这一挑战，高等教育的核心目标逐渐转变为培养多才多艺的、高素质的专业人才。大学生作为现代高知人群，除了应在学术和文化领域精进，还需在思想、道德、审美、身体健康、法律、心理和安全等多方面培养自己，还要养成团队协作能力。只有这样，才能面对未来越来越激烈的竞争。为适应日益加剧的竞争，各高校都在寻求教育方法的创新，但由于我国当前高等教育体系的限制，无法在短期内实现改革，甚至在法律教育和安全意识培养等方面仍存在明显不足，亟待加强。

对于个体和整个社会而言，安全始终是首要的。安全问题牵动着整个社会、家庭乃至每一位大学生的心。它不仅影响到国家和学校的稳健前行，更关乎每一个家庭和学生的生活品质。没有安全，任何发展都无法得以实现，更不用说实现大学生的全面教育了。在今天，大学生所面临的社会因素愈加复杂，安全问题更加不容忽视。强化大学生安全教育，使其学会保护自己，既能确保其在校时期的顺利学习和个人成长，也能使他们在未来社会中站稳脚跟。

（三）构建平安校园、和谐校园的教育举措

构建一个宁静、和谐的校园环境对于和谐社会的构建尤其重要，这也是高校满足社会需求的路径之一，其在高校教育中占据核心地位。高校不仅专注于培育卓越人才、传承和推广先进的文化，还是推动社会和谐建设的关键基地。高校培养的大学生是未来党和国家的接班人和建设者，其言行举止也是国家、社会以及家庭多方主体关注的焦点。只要是与大学生相关的，无论是任何"安全事故"都会对社会、家庭、媒体乃至同龄学生产生深远的影响，也会让人们对高校的安全性提出质疑，甚至可能在更广泛的层面上产生不良反响。因此，对大学生进行安全教育迫在眉睫，而且这样做不仅能保证校园的稳定、安全，还能为构建一个平安、和谐的校园环境提供支撑。目前我国的高校环境整体上呈现健康和平稳的氛围，但仍存在一些潜在的不稳定因子。正因为这些不安全要素的存在，导致学生的人身安全和财产安全时常受到威胁。当然，大多数威胁学生安全的事件往往是因为学生本身缺乏安全意识，忽视安全的重要性，再加上本性粗心大意、不当的物品管理、盲目的信任或是不当的社交选择等。显然，强化大学生的安全教育，增强其安全意识，已经成为高校教育不可或缺的内容之一。因此可以说，高校高度重视、支持、增强大学生安全教育能为平安校园、和谐校园的构建奠定坚实的基础。

四、大学生安全教育的对策

（一）建立安全教育长效机制

安全教育在维护校园稳定、安全以及促进学生全面发展的过程中具有不容忽视的重要作用。因此，无论是高校管理层还是基层辅导员都应对大学生安全教育的重要性有充分认识，并赋予它最优先级的关注。

1.对大学生进行安全教育与管理需要校内各部门的齐心协力

大学生安全教育不只是安保部门和后勤部门的责任，党组织、思想政治教

育部门以及学生事务管理部门等都要参与其中，共同设计和持续完善安全制度和执行流程，同时各个部门需明确各自的角色和职责，合理分工、团结协作，确保安全教育的每个环节都有明确的责任人。此外，各部门需要通过日常的安全检查活动和教育宣传活动加强对大学生安全教育的监督和管理，从管理机制上保证安全工作顺利开展，确保全校所有部门共同参与、管理的校园安全格局。

2.激励大学生积极参与学校的安全管理工作

大学生作为校园的核心成员应在学校的日常运营和管理中扮演更主动的角色，发挥其主观能动性，安全教育也不例外。针对安全教育，学校应制定一系列鼓励措施，促使学生积极地投身于校园各项安全活动中，参与安全管理实践。当然，学校在完善安全制度和出台激励政策时，可以通过广泛征集的方式收集学生对此事件的反馈，让学生发表自己的建议。这样做不仅可以激发学生的归属感和主人翁精神，还有助于增强他们的社会责任感，使他们更加自觉地尊重和维护学校的安全环境。

（二）优化安全教育内容

高校安全教育的效果与所选的安全教育内容有直接关系，后者可以决定高校大学生能够学到哪些安全知识、掌握哪些安全技巧、养成怎样的综合素质。为了达到安全教育的预期效果，高校必须仔细考虑大学生的生活习惯和学习背景，同时结合社会当前面临的安全挑战以及校园安全的具体情况，丰富安全教育内容，保证其系统性和安全性，更重要的是能够反映时代特性、满足学生的实际需求。

1.加强安全法律法规教育

法律法规教育在安全教育中占据重要地位，因为它能帮助大学生从法律视角更好地应对可能发生的情境，还能提高他们的法治觉悟，降低安全事件或刑事案件发生的风险，更重要的是能确保大学生在权益受到侵犯时可以依法维权。

高校在开展安全法律法规教育时，首要问题是确定哪些法律法规是必须了解和掌握的，哪些法律绝对不能触犯。例如，作为我国根本大法的《中华人民共和国宪法》无疑应被纳入教育内容范畴。此外，《中华人民共和国刑法》《中华人民共和国国家安全法》《中华人民共和国治安管理处罚条例》《中华人民共和国集会游行示威法》《中华人民共和国道路交通管理条例》《中华人民共和国消防法》等相关法律法规内容也应被纳入教育课程，并与校园的校规校纪有机融合开展法律知识教育。当然，只有丰富的教育内容并不够，教育方法的选择同样关键。目前，尽管许多学校都在对大学生进行法律教育，但大学生的法律意识仍然偏弱，最可能的原因就是教学方法不恰当。因此，高校应尝试超越传统的教育方式，通过组织法律知识比赛、创建法律网站、邀请法律专家举办讲座等教育方法确保法律法规教育既生动又有效。

2.强化生命安全教育

生命安全教育对于人的全面发展以及大学生的健康成长至关重要。全球范围内几乎所有的教育体制都聚焦于如何加强生命安全教育，以实现青少年的健康成长和全面发展，这也是世界各国教育改革的主要方向。过去，我国高校开展的生命安全教育主要强调校园交通安全、防火防盗等方面，与时代的发展并不完全吻合。如今，高校对大学生开展生命安全教育，不仅要结合社会发展的整体需求，还要保证能满足学生个体的发展需求。这意味着大学生生命安全教育的教育内容要紧紧围绕大学生关心的话题和实际需求，要与他们的兴趣和经验相结合，更重要的是把大学生个体身心健康、道德品质、生命认知等内容有机结合起来，构成大学生生命安全教育的新内容。

生命安全教育的核心目标是帮助大学生养成生命安全意识，教授他们如何保护自己生命，树立正确的生命观，并提高他们的生命保护能力。为了确保生命安全教育实现预期目标，"尊重生命"的思想必须成为高校生命安全教育的核心理念。对教育者来说，开展生命安全教育并不只是关注学生安全、珍视学生生命，更要通过引导促使大学生对生命产生深入的理解，让他们在重视自己生命的同时能尊重和关心他人的生命。此外，教育者还应采用多种方式，如专业课程、专题教育、课外活动等，探索全新的生命安全教育方法。例如，可以通过讨论关于死亡的话题、设计与死亡相关的互动游戏或让学生体验临终关怀等帮助大学生更加了解生命的价值，珍视自己的生命。

3.突出非传统安全教育

非传统安全是相对于传统安全得出的一个概念，是指那些在历史上较少出现或完全未遇到的威胁。对于大学生来说，除常见的消防安全、交通安全、饮食卫生安全和物质财产安全之外的可能威胁大学生安全的因素都属于非传统安全。其具体包括社交安全、心理安全、经济安全、生态环境安全、传销安全、社会文化安全、科技信息安全等。

这个概念对于许多大学生来说比较陌生，这就导致他们对非传统安全的理解是零散的、片面的。如果高校忽视了这方面的教育，大学生对现实社会的预期与实际遭遇的情境可能会有很大出入，这不仅阻碍了他们对社会的认知，还可能加大他们与社会的距离，甚至会导致他们无法正确认识社会，更谈何融入社会。大学生作为未来的国家栋梁，对非传统安全问题的认知、态度和处理能力对社会的整体应对机制有着显著的影响。高校忽视非传统安全教育很可能会影响社会的平稳发展。因此，高校除了加强传统的安全教育，更应重视和强化非传统安全的教育内容。

对于大学生来说，非传统安全教育是一项极具挑战性的任务。为了强化大学生在这一教育范畴的安全觉悟，养成安全意识，高校需从多个维度展开工作。首先，高校必须在意识层面对非传统安全教育给予足够的重视。要知道，行动源于思考，高度地关注必将催生更有效的实践。高校应进一步完善其非传统安全教育制度。考虑到非传统安全教育在大学生安全教育中的关键地位，将其纳入校园安全体系并组织相应的宣传与培训至关重要，这样能确保大学生充分理解并主动遵循这些准则。其次，高校应将非传统安全教育纳入正式教育课程。这样做虽然会让某些学生产生学习上的压迫感，影响其学习积极性，但某些非传统安全的基本知识仍需要通过正式的课堂教学方式来传授。最后，稳步推进大学生非传统安全实践教育。针对非传统安全的实践环节，有目的性和针对性的教育活动能更好地感染学生，从而使他们掌握相关领域的安全技能。

（三）丰富安全教育方法

安全教育方法在推进高校安全教育中扮演着至关重要的角色，是高校取得优异教育效果的重要环节。为确保大学生受益于安全教育，高校必须注重教育方法的选择与应用。只有正确的教育观念和充实的教育内容，但缺乏合适的教育方法，安全教育的实际效果仍会大打折扣。目前，高校主要依赖的教育手段比较单一，这直接影响了大学生安全教育的实际成效。因此，高校应积极探索和采纳多种安全教育方法。

1.理论灌输法

理论灌输法是一种比较常用的教育方法，是一种将特定的思想力量有目标、有意识地传达或灌输给大学生，并将其内化为大学生的思想意识，从而自觉服从于特定阶段和社会历史发展要求的一种教育手段。简言之，这种方法是通过向大学生传授基本观念和原则展开教育的方法。借助此教育方法，高校能够系统地为学生提供安全理论知识指导，促使他们树立科学的安全观。

理论灌输法的形式五花八门。针对大学生的安全教育，我们通常选择理论教学和理论宣传等方式。所谓的理论教学主要通过传统的课堂教学方法对学生进行安全教育。而理论宣传主要利用媒体工具向大学生传授理论知识和思想，开展安全教育。但在新媒体飞速发展的今天，可以通过视频和网络等先进技术作为理论和思想的传播媒介，如举办安全教育主题活动，宣传正确的安全思想和理论知识，进而引导学生树立科学的安全观。通常情况下，高校主要采用理论教学的方式开展安全教育，这样能保证大学生系统地接收安全理论知识，但是高校在应用理论灌输法时必须警惕潜在的弊端，避免陷入单一的理论灌输或教条式的理论教育。

2.专题教育法

专题教育法是指在教育过程中采取的一种针对某一具体议题或主题进行教育的方法总称，其核心优势在于焦点性，无论是教育内容、时间安排，还是教育者和学习者的精力投入都聚焦于特定的主题。这种方法能确保学生在有限的时间内对某一主题有深入的了解和掌握，因此这种方法具有极强的专业性和实效性，备受教育者受到青睐。

如今，专题教育法已经被广泛应用于大学生安全教育之中，并视其为一种行之有效的教育方法。很多高校都针对大学生安全意识进行了专题式教育，如围绕学生居住安全、出行安全、食品卫生、财物保护、个人保障以及网络安全等专题开展的教育活动。这种教育方法的形式多种多样，最常见的有主题讲座、特色活动等，如消防知识专题竞赛、食品卫生专题周等。

3.典型案例教育法

典型案例教育法是指借助发生过的典型事件通过深入分析和探讨达到教育目的的方法。该方法作为案例教学法的重要组成部分在提升大学生安全意识上展现出超然般的效果。每一个案例都是真实发生过的典型事件，因其具备真实性，往往能够对学生产生强力的刺激，从而打动学生；而且这些事件通常涉及复杂的人际关系与多重角色，极具吸引力，还具有超强的启示作用，能促使学生深入反思。因此，高校完全可以借助这类实际发生的安全事件帮助学生深入了解其背后的起因、经过与潜在风险，从而避免相似事故的再次发生。

运用典型案例教育法需注意以下要点：首先，所选案例需与大学生的实际生活紧密相关，以确保教育内容具有针对性；其次，案例应具备代表性与普适性，并能够全方位地呈现事件的所有信息和特征，以确保安全教育的完整性；最后，一旦某校发生了安全事件，高校应迅速将其作为教学内容对学生进行安全教育，确保教育的及时性。当然，如果高校选择的案例缺乏广泛性或仅聚焦于某一细节，可能会导致学生仅从局部理解问题，进而产生偏见，这对他们的全面成长并不有利。

4.模拟演练法

模拟演练法是指在一个设定好的虚拟场景中全面模拟潜在安全风险的方法，这种方法旨在提高责任主体和受害主体在面对真实安全事故时的应变能力以及相关人员处理事故的能力。高校可以对照真实的安全事件构建一个真实的危险情境，让大学生直接进入其中体验，切实体验紧急状态下的压迫感，从而加深其对具体安全问题的理解，增强他们的应急能力和技巧。

目前，高校经常举办的模拟演练活动主要包括火灾逃生、地震救援等，这些模拟演练活动规模宏大、涉及人数众多，更具有深远的意义。若条件允许，高校还可进一步尝试其他安全领域的模拟演练，如模拟食物安全问题、模拟交通紧急情况、模拟人质危机、模拟非法入侵等。值得注意的是，若高校模拟演练组织不当，可能会导致演练流于形式，削弱学生对此类活动的参与热情。因此，高校应提前制订明确、科学且实际可行的模拟演练计划，明确模拟演练活动的组织、目的、方式和后勤支持，确保演练活动有序进行，从而达成预设目标。此外，鉴于大学生是主要的参与者，模拟演练应突出其主观参与度，激励学生更广泛、更深入地参与其中，确保达到最佳教育效果。

（四）加强安全教育师资队伍建设

安全教育成功的关键在于有一支经过良好培训的师资队伍，其中包括保卫团队、学生辅导员和专业学科教师，他们经过共同努力保证安全教育顺利开展，实现教育效果最大化。

1.对保卫团队进行安全培训

制定明确、细致的应急预案，确保其在校园发生突发事件时能够迅速反应，将潜在伤害降至最低。

2.对教育工作者进行安全培训

高校不仅要重视学生辅导员在教育活动中的重要作用，还要对所有学科教师进行安全教育培训。首先，高校应对辅导员定期开展安全知识和技能培训，这能确保他们在安全教育开展过程中始终具备专业能力。而且辅导员应与学生保持紧密联系，关心学生，把握其思维动向，及早发现并解决其学习和生活中存在的潜在危险。其次，高校应将教师开展安全教育工作的成效纳入激励机制和绩效评估，鼓励他们不断探索新的安全教育策略，提高其教育水平。高校应强化学科教师的安全意识，为开展安全教育奠定基础。最后，教师应深化学科内容，实现专业教育与安全教育的有机融合。比如，在心理健康课程中融入安全教育内容，有针对性地解决大学生面临的心理挑战；在化学课程中融入安全教育内容，强调实验室的安全措施，确保学生明确各种潜在风险，避免不必要的危险。

（五）提升大学生的自我安全素养

大学生的身心健康发展离不开个人的努力，也离不开学校、家庭、社会的支持。因此，大学生不仅需了解安全教育的核心价值，还应积极参与社会实践，提升自我安全素养。

1.正确认识安全教育的意义

当今社会发展迅速，许多大学生禁不住物质诱惑以至于失去了自我和生活目标。从某种程度上讲，他们掌握了一定的社会生存技巧，却对自己的人生意义和未来发展产生了困惑，甚至可能因为无法找准人生的方向走上极端，做出了让家人痛苦的决定。大学生必须意识到他们本身对自己以及他人的重要性，了解自身所承担的责任，积极应对生活低谷。面对当代社会的激烈竞争和巨大的生活压力，大学生应鼓起勇气积极面对挑战，不被所处环境的艰难压倒，珍惜自己宝贵的生命。由此可见，对大学生进行安全教育至关重要，通过安全教育可以帮助他们正确认识安全教育的意义，提升其自我保护能力。

2.积极参加社会实践活动

一直以来，社会实践都是教育不可或缺的重要组成部分，它不仅对大学生责任感的养成以及与操作技巧的掌握有积极影响，也对其身心健康有所裨益。学校可以创建学生治安巡视团队，邀请大学生积极参与，大学生通过巡查能直观地看到校园中存在的安全隐患及其具备的潜在影响，深化其对维持学校安全、掌握安全知识与技术的认识。此外，社会实践能为大学生提供宝贵的成长机遇，因此他们应积极参与社会实践活动。大学生参与社会实践不仅能提升安全意识、开阔视野，还能锻炼他们管理情绪的能力，为将来参加工作奠定基础。目前，企业在招聘时更偏向于挑选具有独立思考能力和敏锐行动能力的应聘者，这提示高校需要在这些方面对学生进行更深入的指导。若父母对孩子过于宠爱，可能会损害孩子的独立应对能力，对他们的长远发展不利，因此家长应有勇气让孩子在实践中学习，磨炼自己的个性。综上所述，鼓励大学生积极参与社会实践，能提升其自主与自治能力，有效预防安全风险。

（六）构建学校与社会整体联动机制

社会环境在大学生安全教育生态系统中扮演着至关重要的角色，直接影响高校安全管理和教育工作能否顺利开展，以及能否取得成效。因此，社会有关部门应与高校展开密切合作，坚决杜绝狭隘的自我边际化或只停留在形式上的合作，构建学校与社会的整体联动机制，共同推进学生安全教育的深度和广度。

1.社会有关部门应在高校开展安全管理和安全教育工作的过程提供帮助和支持

当地公安部门应与高校建立长效合作机制，尤其是针对大学生安全教育提供稳定的支援。高校周边环境的和平稳定在一定程度上影响着高校安全教育的成败，对周边社区的和谐与繁荣也有巨大影响，因此公安部门需要调查、干预、打击、预防可能发生的违法犯罪活动，时刻准备应对恐怖袭击等突发事件，制止危害社会治安的行为，以确保社会稳定。当然，公安部门除了加强常规的安全巡查，还可以派遣资深的警察进入学校、课堂，为学生讲解犯罪知识和预防措施，增强他们的防范意识，确保学校和周边地区的安全性。另外，交通管理部门，特别是交警部门，应与高校展开深度合作，共同制订和实施大学生交通安全教育计划，并建立长效合作机制。通常情况下，高校都位于城市的人口密集区，周边交通发达，车流量大，大学生很容易会遭遇交通安全风险，与其等待交通事故发生后再处理，不如主动介入，提前进入校园，为大学生讲解交通安全知识，培训他们如何更好地应对交通状况，以减少潜在的交通风险。

2.高校需要进一步深化与社会的交流与合作，巧妙地利用社会资源优化大学生的安全教育体系

（1）学校可以与消防部门、警察局、法院、交通警察、食品药品监督管理局等公共机构合作，共同创建大学生安全教育中心。

（2）高校应激发其周边社区对大学生安全教育的兴趣和热情，促使其主

动参与到安全教育培训当中。

（3）高校可以委派一些资深的教师领导学生参与周围社区的公益活动，使社区在这种合作中体验到丰富的文化气息，增强其对大学生安全教育的支持意愿，同时让大学生在参与社区实践过程中掌握与安全相关的知识和技巧。

第二节 大学生宿舍安全管理研究

一、大学生宿舍安全管理概述

对于学生而言，宿舍不仅是学习和休息的场所，还是交流思想和社交的核心区域，因此确保宿舍的安全至关重要。所谓的大学生宿舍安全管理其实就是宿舍管理人员根据学校的规章制度管理宿舍、保障学生学习和生活安全的行为。当代大学生的住宿模式多种多样，再加上不同学科的背景差异和学生的个体差异，大大增加了宿舍安全管理的复杂性，更重要的是当前高校的教学和管理功能逐渐分化，管理者的责任压力进一步增强。随着新教育趋势的出现，作为教育重要角色的宿舍也在不断地强化，这意味着安全管理工作开展过程中遇到的挑战也在稳定增长。事实上，许多高校的宿舍都是校园内安全事故的高发区，这一点已经引起了高校的高度关注，并将其视为管理工作开展的挑战和机遇。因此，高校管理层必须加大对宿舍安全管理的投入和重视。

二、大学生宿舍安全管理的对策

（一）完善宿舍安全设施规划、配置和维护

1.完善安全设施的规划

（1）加深对设施规划管理的理解。《中共中央、国务院关于加强社会治

安综合治理的决定》明确提到："加强城镇居民楼院的安全防范设施，并列入城市建设规划。"虽然该文中没有直接提及大学宿舍，但鉴于宿舍与城市住宅在使用目的上的相似性，以及宿舍中的学生人数密度常常超过常规住宅，要求我们必须对其给予足够的关注。对于那些不注重安全社会规划管理的人，我们必须加强教育，扭转其错误思想，使其意识到宿舍安全设施规划管理的关键作用，改变仅凭直觉行动的错误方式，基于数据和分析制定一套合理、有效的规划框架。

（2）加强内部合作，集中规划实体。制定规划首先应考虑上级管理部门的指导意见，然后结合当前大学宿舍的实际情况以及其他部门提出的相关要求，各相关部门需要强化彼此的交流与合作，共同成立一个统一的规划团队。上级部门需要与基层部门保持紧密的沟通，而基层部门也应邀请上级部门积极参与并提供指导，确保规划的贯彻执行。通过细化和完善安全设施规划，并计算出所需的初步预算，为宿舍的安全设施规划奠定坚实的基础。

2.增加安全设施的配置

（1）安装烟雾感应火灾报警设备。此类报警器主要包括烟雾浓度检测传感器、信号处理模块、声音警报蜂鸣器、视觉警示灯以及供电模块（即常见的纽扣电池）。此设备的工作程序是，一旦传感器检测到周围空气中存在大量由于燃烧或热解产生的烟雾颗粒时，会通过声音警报蜂鸣器或视觉警示灯发出声光报警，提醒宿舍内正处于睡眠或学习状态的学生，增加其应对火灾的时间，提升其生存机会。

（2）安装智能应急照明与疏散指示系统。与传统的应急照明方式相比，智能应急照明系统可以有效避免电池老化和故障的发生，降低安全隐患。该系统使用的是交流电，配备专属电路，不依赖内置蓄电池；一旦电路出现异常，其网络终端会发出信号及时提醒管理员，有效避免潜在的隐患。

智能疏散指示系统相较传统的疏散指示方案更加高效。它能与火灾检测装置联动，一旦侦测到火源，该系统会根据得到的数据快速规划出避开火源的最优逃生路径。疏散灯具立刻启动紧急模式，包括闪烁和语音提示功能。指示灯具会从原本固定的指向调整为指向经过规划后得出的最佳逃生路径，频繁的闪烁可以引导人们注意并按推荐路线疏散。在浓烟笼罩、视线不清的情境下，其语音功能可以为逃生者指明方向，同时搭配应急照明帮助人们迅速撤离。

作为智能系统的组成部分，每个应急照明灯和疏散指示灯都具备唯一地址标识，系统可以实时监测每个节点，确保其正常工作。若有设备失效或脱机，系统会发出相应的警告，提醒维护人员及时处理，以确保整个系统的高效运作。

（3）对门禁系统进行升级和完善。门禁系统，也称为出入管理控制系统，是一种自动化、智能化的控制人员出入管理的特殊系统，相较于传统的手动看守更加高效和便捷。但多数现行的门禁系统并未包含实时监视功能，导致其在防范方面的效果有待加强。为了增强门禁的安全性，我们建议为门禁系统增添此项功能。

一旦门禁系统具备了实时监视功能，大学生在使用其身份卡片进出时，相关的识别信息如照片等将在附近的电子屏幕上显示。这样，不仅可以帮助值班员和其他学生监督其出入情况，而且当卡片与使用者不符时，宿舍值班人员能够迅速觉察并进行询问和制止。此外，公开的信息显示会对试图冒名顶替的人形成威慑，使其打消利用他人身份进入的念头。

3.加强安全设施的维护

安全设施能否良好运作直接决定了在紧急情况下能否及时发挥预期功能，因此安全设施的维护至关重要，不仅要在安全设施出现故障时进行及时维修，还要时刻保持其处于良好的工作状态。

大学生宿舍安全管理涉及多个方面，情况十分复杂。要知道，宿舍的安全设备类型很多，但管理人员是有限的，因此他们将大多数的注意力都集中在安全设备的安装和配置上，对后续的维修和保养缺乏重视。但是，安全设施的日常维护必须提上日程，一是要制定明确的操作规范和管理制度，任何因忽视设备维护导致的伤害或资产损失都应追究其责任，而且要遵循规章制度对安全设施维护人员的工作进行严格的监管和指导。二是要组建一个专业的安全设施维护团队。高校需要为这个专业团队进行具体和针对性的培训，确保他们掌握专业的安全知识和安全管理技能，从而更好地维护安全设施。此外，这个团队的主要工作是维护安全设施，因此会有更多的时间和精力用于安全学习，以持续提高其安全技能和安全知识水平。

（二）完善大学生宿舍安全管理的相关制度

规章制度在安全管理中占据核心地位，它是实现高校安全管理的坚实基础。为了提升大学生宿舍安全管理的成效，高校必须制定合理、科学的管理机制。大学生宿舍安全制度是指为了保证大学生宿舍的安全、降低人员伤亡的可能性、避免财产损失而制定的用来规范大学生宿舍安全管理相关人员行为的规则。按照教育部的《普通高等学校学生管理规定》第四十八条，学校有责任构建和完善学生住宿管理机制。这些宿舍安全制度并不只是为学生和管理人员设定的，只要是与宿舍安全管理有关的人员都必须遵守。构建完善的规章制度是大学宿舍安全管理的关键步骤和策略。

鉴于现有大学生宿舍安全规定在构建和执行过程中仍然面临一系列困难，因此对其进行更加系统化、实用的优化和修订就变得尤其关键，这也为大学生宿舍安全管理机制的实施提供强大的执行支撑。

1.创建与学校宿舍实际状况相匹配的、带有学校特色的宿舍安全管理制度

每个学校宿舍的情况各不相同，高校应根据本校的实际情况制定一套客观、科学、富有特色、极具操作性的宿舍安全管理制度，绝对不能盲目地依赖传统经验或简单复制其他学校的安全制度，只有针对自身实际环境定制的安全制度才能更精准地应对安全挑战。

2.明确安全管理工作人员的责任和惩罚措施

安全制度针对的不仅是住宿的学生，还要涵盖负责安全管理的工作人员。真正的安全管理仅依赖一方是难以实现的，需要双方协同合作。在安全制度中，不仅要强调对学生违规的处罚，还要包含对管理工作人员的处罚，如果因其管理失误或疏忽造成事故，必须追究其责任。

3.构建制度监督机制，确保制度的落实和贯彻

要知道，很多制度之所以未能获得效果，主要是因为缺乏强有力的监督。因此，无论是学生还是管理人员都应当严格遵循安全制度规定的内容和要求，一旦违反，必须根据制度规定对其违规行为进行处罚，确保公正，不偏不倚。

此外，除了制定针对宿舍安全管理相关人员的安全制度，学校还应确保宿舍安全设施的安全性。例如，大学生宿舍应符合消防安全要求，不仅要购置经认证的、有资质的消防设备，该设备的安装和调试过程也必须严格遵循相关标准和规程，确保万无一失。

（三）丰富安全教育，增加教育评价

安全教育属于基础性的教育，也是特殊的生命教育，教导大学生尊重生命。在对大学生进行安全教育的过程中，不仅要凸显安全在他们生活中的核心地位，还需要着眼于学生全方位、长期的发展，同时唤醒大学生对"安全为先"的深刻认识，使他们树立正确的安全观，努力学习并掌握安全知识和防护技能。

1.教育过程的常态化

对大学生进行安全教育不能在事故发生后强调，而应在日常学习和生活中宣传安全教育的重要性，实现安全教育的常态化。《普通高等学校学生安全教育及管理暂行规定》第六条明确规定："学生安全教育应根据不同专业及青年学生的特点，从学生入学到毕业，在各种教学活动和日常生活中，特别是节假日前适时进行，并善于利用发生的安全事故教育学生，防患于未然。学校应根据环境、季节及有关规律进行防盗、防火、防特、防病、防事故等方面的教育，并使之经常化、制度化。"因此，高校要在其发展过程中时刻考虑安全文化建设，提高学生的安全防范意识和自主防护能力。

现阶段，安全教育尚未纳入正规的课堂教学体系，也没有作为有学分的必修课程出现在学生的日常课程中，这无疑降低了学生对安全教育的重视程度。为了实现安全教育常态化，必须开展以安全教育为主题的课程教学，而且要作为一项公共必修的带有学分的课程，强制要求学生学习这门课程，这样做使每

位学生都能够从思想上、心理上认识到其重要价值，主动提升自身的安全防护意识。

2.教育内容的多样化

现如今的大学生所面临的安全威胁日益增多，涉及校园生活的各个领域。随着信息技术的进步和互联网的广泛使用，我们已经步入数字化时代，所以对于当代大学生来说，网络安全教育就变得尤其重要。如今，互联网成为大学生获取信息和知识的主要渠道，许多大学生甚至在宿舍安装和使用网络。但是，大学生在享受网络带来的便利，同时也容易被网络中存在的大量误导和虚假信息影响，最常见的情况就是针对大学生社交经验不足以及急于求职的心态来实施网络诈骗。因此，高校在开展安全教育工作时，应重点突出网络安全教育的重要性，增强其在安全教育中的比重，提升学生网络信息筛选和鉴别能力，从而避免他们受虚假信息的误导，陷入各种风险中。

在大学生安全教育中，信息安全教育经常被人们忽视，但大学生的个人信息都属于有价值的无形资产，需要保护。例如，当地大学生喜欢网购，收发快递频繁，而他们在包裹单上提供的姓名、电话和住宿地址等详细个人信息都可能被不法之徒利用，后果可能是不断收到广告骚扰，也可能会被人利用个人信息进行欺诈等。此外，大学生的研究资料、论文、邮箱、银行和其他账户的登录凭据等都是信息安全教育的核心内容。无论这些信息是以哪种形式存在，是存储在哪些地方，都需要确保其安全，以避免因信息泄露导致潜在损失。国家同样应该采取措施加大对非法获取和出售个人信息者的惩罚力度。综上所述，高校应重点强调安全教育中信息安全的意义，并教导学生如何有效地保护其个人信息。

高校在开展安全教育工作时应注重对网络安全教育和信息安全教育的强化，整合和补充当前可能被大众忽视但在日常生活中经常出现的情境，而且与其重复宣讲条文繁多的规章制度，不如将教育内容与学生的真实生活相结合，引发他们的关注，从而更全面地培养他们的安全意识。

3.教育方式的实践化

为实现教学效果最大化，最关键的是选择适当的教育方法。安全教育不能过于注重理论教学，而应多开展实践教学，因为仅仅依赖理论知识很难让大学生真正理解安全知识，只有亲身实践才能做到融会贯通。比如，灭火器的使用，初次操作者在高压情境下很容易忘记如何准确地解除安全锁，导致无法发挥其功能。在实践教学中，可以通过场景模拟帮助学生在接近真实的环境中理解和运用安全知识。例如，不同的火源需要使用对应类型的灭火器进行扑灭，错误的选择可能会适得其反，不仅不能灭火，反而会加剧火势。

只有通过真实的场景模拟和亲手操作，大学生才能真正体会到安全教育的重要价值。因此，教学方法的实践化在大学生安全教育中是一个不可或缺的环节。

4.增加教育评价环节

教育评价指的是在全面地、科学地、系统地收集、整理、分类和分析教育数据后对教育价值做出综合判断的过程，其根本目的是推进教育革新，提升教育水平。

为保证评价的有效性，必须制定明确的评价准则，这些准则直接影响评价结果的内容和方向。在制定评价准则时，先要考虑安全教育的核心目标以及评估对象的具体需求。在评价过程中，我们需要基于评价准则收集数据，并采用对应的分析方法对数据进行处理和分析，得出安全教育中哪些部分已经得到强化，哪些部分还需改进。评价最关键的一点是交流和互动，无论是评估者之间、被评估者之间还是评价者与被评价者之间都需要进行友好的沟通和交流，发现自身和对方的优势和短板，相互学习、共同进步。

（四）完善突发事件处理的应对措施

1.加强早期防范意识

突发事件的预防其实就是在事件实际发生之前建立、管理和执行的一套可以起到事件预知、预防、防备、警报的制度、机构和应急计划。学校对突发事件的应对能力直接影响整个学校的安全。对此，学校应加强和强化安全管理团队在突发情况应急响应方面的训练和意识。通常情况下，通过早期干预可以大幅度降低事件发生的意外性和突然性。高校应积极构建和完善突发事件的预防应急机制，确保决策者在面对突发事件发生时占据主动。预防应急机制的建立最重要的环节是发现并识别那些可能导致突发事件的因素，制订前瞻性计划，有预见性地做出安排。根据相关突发事件可知，许多突发事件可以通过提前预防和预见性安排避免，因此高校必须加大对突发事件早期预警重要性的理解，构建并完善应急预防体系，降低或消除突发事件出现的概率。

2.编制符合自身特点的应急预案

突发事件应急预案是一种特殊的预案，它是基于突发事件风险评估制定的为迅速、高效且有序地应对突发事件、减少损害的紧急响应计划或方案，它是正确应对突发事件的关键环节。《国家突发公共事件总体应急预案》明确指出了不同类型突发事件应遵循的应急预案基本内容和基本原则，但这只为高校提供了一个大致方向。高校需要在此基础上，结合自身实际情况和特点制定一套具有自身特色的应急预案，绝对不能简单复制其他高校的应急预案。此外，高校还需组织全校师生进行真实的应急培训和模拟演练，增强师生的应对速度，验证应急预案的可行性，并加强高校各部门之间的协同合作。

3.加强处置过程中的信息沟通

在应对突发事件的过程中，信息沟通不畅可能会导致流言的大范围扩散和蔓延。这些所谓的流言往往是公众认为重要但又感觉模糊的信息，其传播速度快且范围广。在这样的情况下，高校应充分运用各种信息传播工具和传播方法，指派特定部门或人员负责信息发布，并在第一时间发布信息应对。为确保信息的准确性，所有发布内容都应经过单位领导或其指定审核者的批准。高校应就突发事件及时、公正、明确和透明地发布相关信息，阐明事实真相，避免信息传播过程中出现的偏差，减少不必要的社会恐慌和混乱。

（五）设立安全工作联络点，把安全管理落到实处

面对当代大学生自我防范意识不足的问题，高校管理部门需要加大基层安全工作的开展力度，可以在每个大学生宿舍区设立一个安全工作联络站，使更多的管理人员融入基层，开展安全工作。

安全工作联络点的运作涉及多个安全管理部门，如保安部、住宿管理中心等，每个部门都应安排专业人员在站内工作。为确保联络站能持续有效地运作，应引入规范的管理制度。比如，可以在站点外的公示栏公示专员的个人信息和联系方式，以保障大学生和员工之间能够进行有效的交流和沟通，同时接受他们的监督。此外，联络站专员的绩效考核应包含其在联络站的工作成果，明确其职责并建立相应的奖励与处罚制度。联络站应该将安全预防、治安管理和安全教育有机结合，确保大学生宿舍安全教育的有序开展，确保安全管理工作平稳落地。各联络站可根据其管理区域的实际情况采用切合实际的措施，展现本站点独特的管理亮点，形成健康的竞争环境。当大学生随时都能见到安全管理者的身影时，他们对于安全教育管理的认识程度会得到显著提高，安全感也会油然而生。

大学生宿舍不仅是大学生的居住场所，更是他们的家园。因此，高校需鼓励大学生主动参与宿舍安全管理工作，这样既能增进他们对这份工作的了解程度，还能让他们在参与工作过程中扮演参谋、辅助和监管的角色，发挥自己的作用。而且大学生作为宿舍的直接利益者参与安全管理工作势在必行，他们可以组建自己的安全管理队伍。安全工作联络站最大的价值在于它与大学生关系密切，站点专员能够为大学生安全管理队伍提供专业的安全建议，指导其工作，帮助他们规划和执行各种安全措施，同时提高学生的安全防范意识，降低宿舍安全事故的发生概率。在联络站专员的引导下，大学生安全管理队伍可以执行针对性的任务，同时充分发挥自身链接站点教师与大学生的重要功能。例如，如今的大学生几乎都在使用笔记本电脑，这些笔记本电脑的价值偏高，经常成为犯罪目标，而大学生在外出时一般会将它们留在宿舍，这就给不法分子

以可乘之机。大学生安全管理团队可以协助大学生进行设备登记，倡导使用保险箱等安全存储设施，确保笔记本电脑的安全。此外，大学生安全管理队伍每天都在宿舍活动，能够及时发现安全隐患，如果无法解决可以及时上报给站点的专业教师，及时采取必要的措施来解决这些问题，在一定程度上缓解了站点教师人手不足的困难。

通过与安全工作联络站的互动，大学生能够更明确地认识到安全管理工作的重要性，也可以更加安心地学习和生活，更重要的是这样的参与会鼓励大学生更加主动地加入共同维护宿舍安全的行列中，从而形成了良性循环。

第三节 大学生网络安全管理研究

一、网络安全的概念

网络安全的定义并不明确，从宏观上讲，网络安全是指所有涉及互联网技术设备的系统、程序和数据上的安全，它不仅包括网络设备的软硬件安全，还包括互联网在线数据和信息的安全。张剑指出："网络安全是基于互联网的发展以及网络社会到来所面临的信息安全新挑战所提出的概念，其反映的问题是基于网络的，但核心目标依然是信息安全。"[1]鉴于本研究的重点是大学生，所以在本书中提及的网络安全主要指大学生网络安全，其定义是在大学生使用网络进行学习和生活过程中能够识别并有效处理潜在的威胁大学生财产安全、生命安全和心理健康等不安全因素的安全，或者是能解决网络活动进行和信息传递过程中出现的威胁人身安全的问题，提升其责任感，共同构建一个健康网络生态的安全。

---

[1] 张剑.网络安全意识提升[M].成都：电子科技大学出版社，2017:7.

二、加强大学生网络安全管理的重要意义

大学生网络安全管理是高校思想政治教育不可或缺的重要组成，也是我国面临的核心挑战。为应对不断变化的网络环境、促使大学生全面健康发展、保护国家网络安全、增强高校思想政治教育效果，加强大学生网络安全管理是最有效的路径之一。

（一）是应对复杂多变的网络环境的时代要求

1.复杂多变的网络环境容易引发网络安全事故

随着互联网技术的发展以及计算机、智能手机的广泛应用，依赖互联网的人数极速增加，导致网络环境更加复杂，衍生出大量的网络事件。对大学生来讲，互联网为他们提供了海量的学习资源和生活资源，但也加深了他们对互联网的依赖性，而网络空间中存在大量的危险因素，很容易对大学生的安全产生威胁。而且，一旦大学生群体遭受到网络安全事件，他们的成长和发展都会受影响。因此，确保大学生在网络空间的使用安全，最大限度地减少潜在的网络风险，已成为大学生网络安全管理面临的最主要的问题。

2.网络环境更加错综复杂，潜在的网络问题亟待解决

随着互联网技术的飞速进步，网络应用日益丰富。通过互联网，大学生不仅能够搜寻信息、发掘资源，还能实现学习、社交和休闲，这不仅扩展了他们的知识面，还能促使其实现全面发展。但大学生需要知道互联网是把"双刃剑"，其中不仅包含着海量的教育资源和知识，还潜藏着大量的风险，很容易引人误入歧途。例如，基于网络的犯罪、欺诈以及过度依赖网络等社会热点问题，都对大学生的心理健康和身体健康产生深远影响。大学生相较于初、高中生，自我控制能力得到提升，但他们对网络的接触度及自由度无疑更大，如果缺乏正确的引导，大学生同样可能被网络中的负面元素吸引，而且在面对多种网络挑战时难以形成适当有效的自我管控和判断。因此，强化大学生网络安全管理，已经成为高校管理者亟待应对的新挑战。

3.培养大学生网络安全意识和责任感迫在眉睫

当代大学生应该具备强烈的法律意识，超强的网络责任感，在线行为文明、理智，不主动传播和轻信网络不实信息，不为网络欺诈所诱惑，同时配合政府打击网络违法行为的行动，成为网络健康环境的倡导者。党和国家已经认识到大学生网络安全管理的重要性，并制定了一系列相关法律，出台了相关的政策，高度重视专业化、高素质网络安全人才培养，并提倡高校及相关教育机构主动开展与网络安全有关的教育和培训，这一举动从侧面反映出高校是大学生网络安全管理的主阵地，必须承担这一教育重任。

（二）是促进大学生健康成长的切实需要

1.网络安全是大学生在线上开展各种活动的根本保障

著名的美国心理学家马斯洛（Maslow）曾将人类需求划分为五个等级，从最基本的生理需求、安全需求以及社交需求到高级的尊重需求以及自我实现需求，其中安全需求仅高于生理需求，是最基本的需求之一。对于大学生而言，满足其安全需求意味着确保其身心健康，网络安全无疑是这一保障体系中关键部分之一。当大学生通过网络搜寻资料或做出其他行为时，必然能获得帮助，但也会面临网络内存在的潜在风险，严重者甚至会威胁其身心健康。近些年，涉及大学生的网络安全事件频繁曝光，网络潜藏的种种隐患已经从各个层面对他们的生活、财产等构成了实质性威胁，直接影响其学习和生活。在对多个案例进行详细分析后得出一个结论，许多受害大学生之所以会遭遇严重后果与其缺乏网络安全知识以及没有做好安全预防措施有必然联系，这导致他们在面对网络危机时手足无措，最终出现无法挽回的后果。鉴于网络安全管理对大学生身心健康的重要性，我们亟须从其真实需求出发，推进网络安全教育管理实践，使大学生在互联网海洋中保持清醒的头脑，提高其在线安全意识，树立正确的网络安全感。

2.高校必须结合大学生的发展和真实需求来强化网络安全管理

现阶段，虽然我国多数高校已经对大学生的网络安全实行管理措施，但管理与教育之间仍存在明显失衡。作为大学生网络安全管理主导者的高校应高度重视从教育角度对大学生进行干预,充分利用自身独特的教育资源对大学生进行网络安全管理教育。高校在开展网络安全管理课程或具备与安全管理相关的校园活动时应紧贴大学生的实际需求,从保证其身心健康出发,将教育活动与其日常学习和生活有机结合在一起,确保他们能够掌握网络安全知识和技巧。第一,强化大学生的网络安全意识。大学生只有具备网络安全意识才能正确、安全地浏览和使用互联网。第二,古语有云:授之以鱼不如授之以渔,面对复杂的网络环境,与其只教授其安全知识,不如教授其应用知识的能力。大学生需要的网络安全知识取决于其日常生活和学习需求,因此高校不但要提供基础的硬件安全保护,还应指导学生如何在面对网络安全事件发生时应用安全知识,冷静、科学地应对网络安全威胁,不被虚假信息误导,坚定维护自己的立场,明辨谁是谁非。此外,发掘大学生网络安全管理中存在的问题及其背后原因,并提出有效的解决策略,可以促使大学生身心健康、全面自由的发展。

(三)是建设网络强国的有效途径

构建网络强国是我国最核心的战略计划之一,我国政府深知网络安全对国家的重要性,因此始终强调网络安全的重要地位。但是,网络安全的实现不仅依赖于技术进步,更离不开专业的人才,作为国家发展骨干力量的大学生们的网络安全素养直接关乎国家的长远规划和民族的未来,直接影响着我国网络强国目标的达成。目前的大学生都是21世纪出生的新一代,他们生活在相对和平的时代,未曾感受过民族危亡,对于潜在的网络威胁缺乏充分认识,再加上他们的生活经验有限,很容易被网络中的虚假信息误导或被有不良意图的人操纵。近些年,网络安全事故频发,有些反对派甚至利用大学生的这些弱点使用各种手段将他们引入圈套,有的大学生甚至在无意之中泄露了国家的敏感信息。例如,许多大学生因参与高校国家级项目的研究可能会接触到涉及国家机密和重要资料,但由于他们本身缺乏对网络复杂环境的正确认识,也没有形成安全防范意识,他们很可能在网络中不慎泄露自己的身份和项目细节,这就为不法之徒提供了机会，成为其盗窃国家机密的工具。因此，为确保国家网络强国建设目标的稳步实现，为维护国家网络安全，大学生必须被纳入网络防护的大军中。除了政府提供的必要的硬件安全保护和技术保障措施，还要从教育层面帮助他们树立正确的网络安全观，鼓励他们利用所学知识为维护国家网络安全、实现网络情感建设贡献自己的智慧和力量。

三、大学生网络安全管理的对策

（一）开设专门的网络安全意识教育选修课程

为解决一部分大学生在网络操作上的技术短板，高校有必要设计并推出网络安全意识教育选修课，让那些渴望提高自己网络安全能力的学生有机会系统地学习相关知识。教育者可以结合网络安全实例，应用情景模拟教学方法提升学生的网络安全意识，强化他们的计算机操作能力。教育者在网络安全课程教学中讲解真实的网络风险案例，既能为学生提供更直观的教学效果，又能帮助其更快理解网络安全理论。例如，教育者通过讲解一个大学生被网络购物欺诈的实例，可以教导学生如何进行计算机杀毒、如何辨别网络兼职的真伪、如何鉴别安全链接与诱骗链接，以及如何妥善保护接收到的"验证码"等重要信息。此外，教育者在教授大学生应用计算机基础知识的同时，还需要不断深化大学生对网络安全知识认知以及对网络不良信息的识别。比如，当一个大学生因在网络上抄袭他人文章出现侵权行为时，教育者可以围绕该事件从网络道德、网络责任、网络安全法律法规等方面进行深入的解析。再如，当一个大学生不慎对外泄露本校或单位机密信息时，教育者可以围绕该事件从保密原则、国家安全意识、危机防范意识等方面进行深入的解析。通过此类实例分析，使大学生对风险的识别和应对能力得到锻炼，并获得显著提升，大大降低其在网络中遭遇欺诈的可能性。高校精心设计的网络安全意识教育选修课程可以对大学生进行针对性的网络安全教育，并获得显著成效。

（二）重视校园实践活动的作用，创新实践内容与方式

校园实践活动的开展离不开大学生，他们既是参与者，也是策划者。因此，高校可以举办网络安全知识讲座、网络安全技能竞赛、网络安全经验分享会等一系列的网络安全活动，期冀在潜移默化间改变大学生的网络观念和网络行为，引导其树立正确的网络安全观。全国各地的高校在2019年9月16日至22日，同时举办了以网络安全为主题的活动。以天津大学为例，他们启动了"网络安全进校园"活动，将这一周定位为国家网络安全宣传周。在活动中，高校特地邀请了专业的网络安全专家到校举办网络安全讲座，重点讲解了网络贷款存在的潜在风险，并为学生提供了相应的识别和防范策略。此外，还邀请学生代表对《网络安全责任书》进行了解读，针对新形势下校园网络安全建设对在校师生进行了专题访谈，目的是指导学生正确使用网络。

（三）建设优秀的大学生教育网站

为了营造健康的网络环境，推动大学生持续提升自身道德修养，掌握更多安全技能，成为德、智、体、美全面发展的优秀人才，高校应考虑建立专为大学生设计的网站。一是结合大学生的兴趣和实际需求开发内容健康、富有创意且趣味十足的网站，确保大学生在浏览过程中能够学习新的知识和技能，接受思想道德素质教育。二是构建和谐的校园网络环境。高校除了保证基础的校园网络设施建设，还需要对大学生使用网络的行为给予指导，发挥其育人功能，确保其教育内容与大学生的生活相贴合，同时具有真实、生动和有趣的特质，能对大学生起到良好的教育作用。

第五章

大学生实践活动管理研究

第一节　大学生实践活动的意义

加强大学生的实践活动，它的意义在于：一是能够帮助他们更好地学习基本理论、基本知识和基本技能；二是有助于他们更好地了解实际，认识事物和社会发展的规律，即认识世界；三是有利于他们在认识世界的过程中学会改造世界的知识和本领。在大学期间有计划地加强这方面的训练，就能使他们中的绝大多数在走上社会后，能比较快地适应和担负祖国建设事业的工作，以致能挑起各行各业领导工作的重担。从这个意义讲，大学生在学校学习是走向社会成为专门人才的训练阶段，其间的各项实践活动可以认为是走向生活的实际演习。具体地说，在大学教育与教学过程中，大学生的实践活动具有以下这些作用：

一、有利于缩短书本知识向实际知识转化的过程

学校工作以教学为主。大学生的大量知识主要是通过课堂教学这个渠道获得的。这些知识当然十分重要，可是它们对于大学生来说还只是间接的书本知识，并没有通过实践来加以检验，也未曾直接运用它去解决实际问题。为了缩短由书本知识向实际知识转化的过程，使大学生能较快地适应社会主义现代化的需要，就必须大力加强学校中的各项实践活动，使大学生通过各种实践活动学会运用所学的书本知识去解决各种实际问题。

二、有利于拓宽大学生的知识面，提高自学能力

大学生从教师那里学来的书本知识是经过系统整理的某一方面的基础知识或专门知识。然而，实际需要解决的问题并不像课堂上大学生练习的那种问题，单靠某一方面的知识就能解决，它往往需要大学生综合运用多方面的知识，甚至要本专业课程以外的知识来加以解决。让大学生多参加各种实践活动，就可使大学生了解实际问题的复杂性，促使他们提高自学能力，学会根据解决问题的需要，自己去汲取新的知识，拓宽知识面。这就为今后工作中不断更新和充实各种知识打下良好的基础。

三、有利于培育大学生的创造才能

根据我国社会主义现代化建设及改革的需要，我们所培养的大学生应该是勇于革新、富于创造的人才。而要培养大学生的创造能力，就必须使大学生深入接触实际、了解实际，因为创造活动的特点便是通过探索—改革—创新来闯出新的路子。创造需要能敏锐地看到实际存在的各种弊端，不墨守成规、不因循守旧，勇于提出新的主张、方法和方案的品质和能力。这种品质和能力只有投身于变革客观世界的实践并经受磨炼才能得到。大学生在学习阶段通过实践活动受到科学研究、创作活动、工艺设计以及技术革新的初步训练，就会为他们将来在社会主义建设中进行创造性活动、投入革新洪流打下基础。

四、有利于发现人才、培养人才

目前的课堂教学和考核办法更偏重于知识的记忆，单靠考核课堂教学所学的内容是无法对某一大学生的智能进行客观全面的了解的。当大学生按照个人的志向、兴趣和特长，参加种种实践活动时，他的个人才能往往会得到明显的发挥。对某一大学生在某一方面的优势加以因势利导，往往会使其才能得到更

好的培育。这就是说，通过大学生爱好的实践活动，比较容易发现人才，进而培育人才。

五、有利于锻炼和培养大学生的组织管理能力

大学生中有不少人除了从事专业活动，还可能担负各项管理工作。他们的管理才能从何而来？最主要的，当然是通过今后的管理实践来获得。但是大学生也应该在大学学习期间学到一些管理学、经济学、社会学方面的理论知识，并通过初步的社会实践活动得到管理工作的初步训练。一般来说，学习期间担任过学生干部和其他社会工作的大学生，在踏上工作岗位之后，往往有较强的做思想政治工作的能力、组织工作能力和管理能力。但是由于种种原因，在大学期间受到过这种锻炼的人数实在太少了。如果有计划地让更多的大学生参与对一个班级、年级、系以至各种社团、整个学校的自我管理的实践活动，无疑将会有利于培养出众多具有管理能力的人才。

六、有利于培育大学生为人民服务的世界观

大学生是全体人民中掌握科学文化知识较多的一部分。他们受到了党和人民的培养，他们当然应该把所学到的科学文化知识贡献给人民，全心全意地为人民服务。要树立起这样的世界观，一条有效的途径便是尽可能及早地置身于社会主义现代化建设之中，参加为人民服务的实践。在这类实践中，大学生比较容易克服脱离社会实情的弱点，往往会从先进模范人物身上汲取到无穷的力量，并以他们为榜样，激励自己奋发前进。许多大学生对此都有生动的体会。因此，大学教育过程中的实践活动，具有课堂教学其他环节所不能取代的作用。总之，实践出真知，实践造就人，还可以培育大学生为人民服务的世界观。

第二节 大学生实践活动的内容

一、大学生学术研究活动

（一）学术研究活动概念

大学生学术研究活动是社会实践的主要组成部分，也是当前大学生社会实践活动的重点、难点所在，并且随着社会实践的深入和普及，大学生学术研究活动也已具备实践活动的普遍性。所谓大学生学术研究活动，是指以课程内容和教学计划为依托，以强化和巩固理论知识为目的的社会实践活动形式。它主要是以教师为主导、以学生为主体、以课程资源为依托、以基础知识和基本技能的"教"与"学"为主要载体展开的促进学生全面发展的对象性活动的总和。

（二）大学生学术研究活动的类型

1.实验教学

实验教学一般与理论学习同步开展，且较多在理科生中开展。具体来说，实验是在理论学习后，通过自主操作论证已知的理论，或是假设、研究、讨论未知理论的过程。实验教学的开设使教学内容逐步向多层次、模块化结构转变，体现着人才培养的层次性和综合性，有利于理论教学的开展，有利于培养大学生的实践能力和创新精神，也有利于形成良好的学风、严谨的校风以及求真务实的学习态度。在实验教学初期，一般是以教师作为实验的主导者，包括实验的设计、实验用品的准备、实验结果的辅助分析以及实验过程中的指导等，注重培养大学生的自主操作能力。大学生则是作为实验的主体者，将理论运用到实际的操作中，包括实验操作、数据测量、定性分析与定量计算、获得实验结果和结论等各个环节，主要由大学生独立完成或大学生合作完成。到学习后期，教师则更注重大学生创新能力的培养。在大学生掌握基本理论知识和操作技巧后，由大学生自主设计实验。在规定主题的大方向下，教师允许大学生自行选题、自主设计实验方案、自主实施实验操作、自主进行实验结果的分析与思考。

2.专业实习

专业实习是在完成学校规定课程后把理论知识应用到实际工作中的过程，是一种辅助教学的模式。在就业压力不断增加的背景下，许多高校毕业生因无工作经验被用人单位拒之门外，这主要是因为不少用人单位认为许多大学生空有一套理论而无实际工作能力。因此，专业实习已成为大学生社会实践教育的重要组成部分。同时，专业实习有利于大学生在自我了解的基础上明确未来的职业方向，有利于大学生了解工作内容，明确自身的优势和不足。专业实习是校园向社会过渡的一个桥梁，大学生只有明白社会的需求和标准才能更好地适应社会。专业实习还有利于大学生找到自身与职业的差距，明确自身与岗位的差距以及与职业理想的差距，从而起到自我调节的作用。

3.科技创新

大学生科技创新是指大学生利用课余时间进行自己感兴趣的科学研究、参与教师科研项目、参加各类大学生竞赛等活动。大学生科技创新是培养大学生工程实践能力、科技创新能力、创新合作能力的行之有效的途径，是培养大学生创新精神和实践能力的重要环节和有益补充，对培养创新应用型人才的地方高校而言尤其重要。大学生科技创新作为高校社会实践活动的重要组成部分，丰富了大学生的课外学习生活，有利于调动大学生学习的积极性，有利于弥补学校教育教学的不足，促进青年大学生在理论和实践相结合的过程中增长才干、积累学习经验，培养大学生的责任意识和管理意识，从而实现优质成才、全面成才。总的来说，大学生科技创新在教学实习、创新能力培养、深造就业等方面都有积极作用。以浙江某高校为例，该校高度重视大学生的科技创新工作，鼓励大学生积极参与科学研究，努力创造良好的科研氛围。该校定期举办数理化、政史地等测试大学生专业知识与技能的竞赛活动，同时对大学生进行相关的技能培训。此外，该校相关部门积极组织大学生参加各类学科竞赛，如电子设计大赛、数学建模大赛、英语竞赛等，尤其以具有代表性、权威性、示范性、导向性的"挑战杯"全国大学生课外学术科技作品竞赛为重点。除了竞赛方面，学校还鼓励师生积极参加科技创新项目的研究，重视科技创新项目的申报、立项、执行以及项目结题等各个环节，形成以共青团委员会为主导、项目导师为抓手、大学生为主体的项目管理模式，全面培养大学生的创新意识、团队合作精神。该校的大学生科技创新活动在培养大学生科研的意识和兴趣、提高大学生的创新能力等方面发挥着独特的作用。

4.社会调查

社会调查是指人们为达到一定目的，有意识地通过对社会现象的考查了解和分析研究，来了解社会真实状况的一种自觉认识活动。社会调查的主要方式有文献回顾、实地观察、问卷调查、文献撰写等。它主要通过一定手段去了解、分析、研究人类社会，揭示社会最本质的现实状况，为社会问题的解决提供参考。大学生走进社区进行社会调查，是直接参与人民生活和了解社会的重要方法。参与社区调查研究活动，需要同本地区人民共同生活、共同行动，注重考查、注重切身体验，对社会的真实情况进行彻底的了解，以达到调查研究的目的。在我国高校实践教学中，教师专门安排了与专业相关的社会调查环节。大多数高校的社会调查是由大学生自己到社会上去寻找调查单位。尽管在社会调查过程中会碰到种种问题，但由于这类调查活动与大学生将来的就业息息相关，因此很多大学生还是非常乐于参与这类调查活动的。社会调查的关键在于深入社会、深入生活、深入实际。大学生可以通过社会调查培养自己观察现实生活、收集资料、发现问题的本领，同时增强自己的社会责任感，进而激发学习的动力。另外，对于高校来说，每年都会有寒（暑）假社会调查活动。在这类调查活动中，学校会提供一定的经费支持，以保障寒（暑）假社会调查活动的顺利进行。通过社会调查的锻炼，大学生不断培养自己的实践能力，同时使自己能更好地融入社会。

5.创业实践

创业实践是以培养大学生创业能力为目标，以学校、企业或其他社会组织为平台所开展的一系列实践活动，是大学生以创业者的身份进行创业实践的过程。大学生创业实践是高校创业教育的重要环节，是大学生社会实践活动的类型之一，也是大学生增强创业知识、培养创业能力的主要途径。

目前，许多高校都设有"创业中心""创业园"等面向大学生创业的机构，以此为平台，注重培养大学生的创新精神和实践能力。以浙江某高校的创业中心为例，该创业中心是一个通过提供优质服务来引导和规范团队管理、保持自收自支的服务性管理机构，以大学生创业团队运营管理、创业就业咨询培训服务为主要工作方向。该创业中心通过注入原始资金等多种措施，鼓励并扶持团队的创业工作。该创业中心主要以投资公司模式进行管理，运行团队为独立经济实体，以创业中心为参股方，通过股份对团队进行监督。除了进行引导与扶持，该创业中心还给每个团队配备了相应的指导教师，依托该校丰富的技术和人才资源，为推动科技创新和技术成果直接孵化提供各种服务。大学生创业园设在校内，给予大学生最大的创业支持和最便捷的创业服务。

二、大学生社团活动

（一）大学生社团概念

社团是具有某些共同特征的人相聚而成的互益组织。我国的社团一般具有非营利和民间化两个基本组织特征。社团与政府组织、非正式组织或自然群体有着明显的区别。根据我国《社会团体登记管理条例》的规定，社会团体是指"中国公民自愿组成，为实现会员共同意愿，按照其章程开展活动的非营利性社会组织"。大学生社团亦称高校社团，是指大学生为了实现共同意愿和满足个人兴趣爱好的需求自愿组成的、按照其章程开展活动的群众性学生组织。大学生社团是高校校园文化建设的重要载体，是大学生活动的平台。大学生社团通过开展各种形式的活动，丰富了大学生的业余生活，开阔了大学生的视野，提高了大学生的实践能力和综合素质，逐步形成了凝聚大学生、服务大学生、发展大学生的独特功能。

（二）大学生社团的类型

1.理论学术类社团

理论学术类社团是校园文化精神的体现者，始终坚持追求实事求是、与时俱进的价值观，引导莘莘学子在其学术领域不断钻研和探究，并使大学生的自由追求精神以及独立思想品格得以发展。这类社团的成员通过交流、讨论、研究、实践等形式，研究专业性的问题，是与实践相结合而组建的社团，或是为共同学习某项技能而聚集在一起进行研究学习的社团，如CAD协会、计算机协会、数学建模协会、科技发明协会等。这类社团在各高校的发展趋势尤其快速，学校对此类社团也比较重视。这类社团为有多方面学习兴趣的大学生提供了一个交流与学习的平台，为不同专业的大学生提供了合作学习的机会。如今，该类社团已经成为培养大学生创新意识和实践能力的有效载体，如某高校的中国特色社会主义理论研究会以"学习、友爱、互助、进步"为准则，以实现会员"提高自身理论水平，培养创新精神和实践能力"为目的，在提高学生理论认知水平的同时，使大学生在活动中树立正确的世界观、人生观和价值观，成为具有社会主义觉悟的全面发展的有用人才。

2.社会公益类社团

《中华人民共和国公益事业捐赠法》规定，"公益性社会团体是指依法成立的，以发展公益事业为宗旨的基金会、慈善组织等社会团体"。该法所称的"公益性非营利的事业单位是指依法成立的，从事公益事业的不以营利为目的的教育机构、科学研究机构、医疗卫生机构、社会公共文化机构、社会公共体育机构和社会福利机构等"。根据以上两个定义可以看出，高校的社会公益类社团属于公益性社会团体的范畴，是当代大学生服务社会、奉献爱心的载体。参与社会公益活动可以磨炼大学生的意志，培养大学生的社会使命感和责任感，对高校培养高素质的、有担当的人才具有积极的意义。例如，学生爱心协会是大学极具代表性的公益社团，协会在"关爱生命，用青春回报社会，用爱心感染他人"的宗旨下，开展爱心敬老、助残、助学、关爱儿童、公益演出以及暑期支教等活动，受到了社会各界的一致好评。学生阳光行动服务社秉承"奉献、友爱、互助、进步"的志愿服务精神，以"自我实现，服务社会"为主旨，组织大学生积极参加各类志愿服务，奉献社会、展示风采。这类社团主要从事一些非营利性的校园服务活动和社会服务活动。社团秉承"公平正义、以人为本、助人为乐、服务社会"的理念，旨在发挥专业优势，帮扶弱势群体，为构建和谐社会添砖加瓦。有一部分社团是利用其专业优势达到普及知识或是帮助他人的目的，如法律协会、食品安全与营养协会等，也有一部分社团是为校园、社会提供义务服务，如爱心社、环保协会等。近年来，我国高校的社会公益类社团开展了丰富多彩的社会实践活动，使参与其中的大学生做出了奉献、受到了教育、增长了才干，正成为践行"实践育人"理念的良好载体。

3.文体娱乐类社团

这类社团主要是由有相同兴趣爱好的同学自发组织在一起开展各种娱乐活动的社团，如街舞社、垂钓社、篮球社、相声社、摄影协会等。这类社团通过开展文体娱乐类活动，丰富了大学生的校园生活，彰显了青春风采。例如，学生音乐协会本着丰富大学生课余生活、促进大学生德智体美全面发展的一贯原则，会聚英才，举办乐器、声乐等教学活动以及音乐交流会、情歌大赛等活动，不断推陈出新，提高大学生的音乐素养和音乐鉴赏能力。学生街舞协会组织成员有计划地进行训练，进而培养乐感、提高街舞技能。在学校举办各种相关比赛的时候，街舞协会组织成员进行报名、排练，帮助其积累更多的舞台表演经验，丰富其校园生活。与文体娱乐有关的其他活动和比赛还包括模特大赛、主持人大赛、戏剧表演、娱乐篮球赛、书法展、棋牌比拼、诗词歌赋展才华等。与其他类社团相比，文体娱乐类社团种类较多，大学生参与人数也较多。它能丰富大学生的课余生活，在增强大学生身体素质、提高大学生文化修养、提升学校校风等方面都有重要的作用。目前，各高校都非常重视这类社团的引导和培养，以促进大学生的全面发展。

4.实践应用类社团

实践应用类社团是以提高大学生实际应用技能为宗旨，帮助和引导大学生适应社会、融入社会，同时唤起大学生的社会责任感，以实现教育社会化为目标的社团。这类社团具有以实践性为根本特性、以培养实践能力为首要任务、以社会化为终极目标的特点，在高校应用型人才培养、大学生创业素质培养、大学生公民意识培养等方面具有重要作用。例如，心理健康协会隶属于学校心理咨询中心，协助其开展心理知识的宣传和普及工作，促使大学生提高心理素质、健全人格、增强承受挫折和适应环境的能力。在活动方面，协会不定期组织心理讲座、心理电影、心理培训以及心理知识竞赛等活动，面向全校同学，竭诚为大家服务。学生美食协会以学习和弘扬中国美食文化，增强热爱祖国文化的社会责任感，宣传和发展健康饮食为共同目标，希望通过举办各类美食活动，在校园内推广美食文化，活跃校园气氛，促进美食爱好者之间的交流学习，为广大烹饪爱好者提供一个交流展示的平台，同时丰富他们的课余生活，提高他们的动手能力。

三、大学生志愿服务活动

（一）大学生志愿服务活动概念

志愿服务是指任何人自愿贡献出个人的时间及精力，在不为任何物质报酬的情况下，为改善社会现状、促进社会进步而提供的公益性服务。大学生是志愿服务活动的中流砥柱，他们在不影响正常学业的前提下，运用自身所学的专业知识与技能，怀着积极向上的服务精神，满怀热情地投身于志愿者服务活动中，实现自身价值，弘扬志愿者精神。志愿服务的范围主要包括扶贫开发、社区建设、环境保护、大型赛会、应急救助、海外服务等。志愿服务的功能主要有社会动员、社会保障、社会整合、社会教化、促进社会和谐、促进社会进步等。

大学生志愿服务是在校大学生走出课堂、走出校园自愿参与服务社会的社会实践活动，秉承着"奉献、友爱、互助、进步"的志愿者精神参与实践。我国志愿者服务活动开展30多年来，其广泛性和影响力以及认可度已大大提高。大学生的志愿服务对提高大学生专业知识与技能、提升大学生综合素质、增强思想政治教育有效性、扩大学校影响力，甚至对社会的和谐稳定发展都有积极的作用。

（二）大学生志愿服务的类型

1.互助或自助型志愿服务

互助或自助型志愿服务活动的主体一般由青年志愿者组成。志愿者或因自身成长经历，或因社会服务的需要而积极主动参与。例如，保护环境或者保护珍稀动物的志愿服务就属于互助或自助型志愿服务。在我国当前环境下，从高校和众多社会组织中涌现了一大批自发性的或是组织性的环境志愿者。志愿者们参加保护环境的志愿服务活动以及环保意识宣传活动，为减少自然环境被破坏，达到人与自然和谐相处的目标，为促进环保事业的健康发展提供志愿服务。他们的加入进一步增强了志愿者服务的针对性，进一步提高了志愿者服务的社会化程度，进一步升华了志愿者服务的精神。

2.慈善型志愿服务

慈善型志愿服务具有两个方面的含义：一方面是指通过个人的善举和捐献钱物等来帮助他人改善福利和生活质量；另一方面是指通过捐赠、提供无偿服务以及其他志愿活动来帮助他人，改善他人的生活质量和精神状态。慈善活动与互助志愿活动存在差别，这种慈善性质的志愿活动的受益者并不是慈善组织本身，而是第三方，并且此类慈善活动主要存在于某些志愿部门或者社区组织内部。在我国大学生志愿服务中，为大型活动或者自然灾害提供志愿服务就属于慈善型志愿服务。志愿者广泛地出现于一些大型活动中，并发挥了巨大的作用。例如，在北京奥运会、北京残奥会、上海世博会等大型活动中，数以千计的大学生放弃休息时间，为活动的正常开展提供志愿服务。在我国出现的自然灾害中，如洪涝灾害、地震灾害等，许多大学生志愿者捐钱捐物，同时做了很多抢救伤员、帮助重建灾区家园的工作。

第三节　大学生社会实践管理创新研究

一、大学生社会实践管理的原则

（一）坚持以正确的思想为指导的原则

人类的各种活动中都需要正确的思想指导，大学生社会实践管理也不例外，只有这样才能保证管理活动实现预期目标。高校应加强大学生思想政治教育工作力度，将其培育成社会主义未来发展合格的建设者和接班人。社会实践的核心价值在于实现了思想政治教育目标、任务和内容的有机结合，大学生通过参与社会实践就能树立正确的世界观、人生观和价值观，能运用辩证唯物主义的理论去观察、分析和解决问题，能运用历史唯物主义的理论和方法去理解社会和人生，正确分析和评价现实生活中的政治、经济、文化道德现象和各种社会思潮。大学生社会实践活动应该遵循马克思列宁主义、毛泽东思想、邓小平理论、"三个代表"重要思想、科学发展观以及"四个全面"的指导，否则大学生在社会实践中可能会迷失方向，无法在政治、思想以及能力上得到真正的提升，也难以为国家和人民做出实质性的贡献。

（二）坚持育人为本、实践育人的原则

在21世纪，国家之间的竞争更多地转向了人才的竞争，转向了人才综合素质的竞争，所以作为年青一代佼佼者的大学生所展现的综合素质对国家的经济

发展和文明进步起到了决定性作用。人才素质的提升不是一蹴而就的，它需要经过长时间的社会锻炼和个人的不懈追求来逐步提升。因此，高校在培养大学生的过程中应该重点强调社会实践的价值，确保学生能在真实的社会环境中锻炼，并接受社会的考验。大学生参与社会实践活动的首要任务是学习和成长，这也是他们与普通人参与社会实践的主要区别；这两个目的可以简单概括为"育人"，这也是社会实践的核心价值。社会实践绝对不能偏离教育的育人初衷，否则就会失去方向，甚至本末倒置。我们组织大学生参与社会实践活动应该以育人为根本目标，同时优化大学生知识体系、促进大学生知识转化和延伸、提高大学生专业技能、完善大学生个性品质，增强他们的社会责任感。此外，在社会实践过程中也应鼓励大学生养成服务社会的观念，因为对社会做出实际贡献不仅是评估社会实践价值的关键标准，也是确保社会实践活动健康、持续发展的基石。

二、大学生社会实践管理的创新对策

大学生社会实践为大学生提供了一个宝贵的机会、一个关键的平台，大学生可以验证自己所学的知识，可以提升自身素质、磨炼自身技能，还能加深自身对国家和社会的认识程度，更重要的是可以提升大学生的综合能力，树立公民责任感。然而，随着时间的推移，新的挑战和任务持续涌现，使大学生社会实践管理工作的任务变得更加艰巨。在这种情况下，我们如何确保大学生社会实践活动能够确定落实？如何为大学生社会实践提供更加有效的管理与指导，确保其价值最大化呢？

（一）创新实践活动开展模式，凸显大学生社会实践管理特色

为了进一步加快大学生社会实践活动的发展与创新，单纯从内容上创新并不够，更关键的是实现实践活动模式的创新，如果仅仅在内容上有所突破，而执行模式仍旧停滞不前，那么大学生社会实践管理的整体创新就难以实现，大

学生的实践技能、创新思维及职业发展能力也将受到限制。为了满足现代大学生社会实践的需求，本文结合国内外的成功经验，提出了一些社会实践活动模式创新，具体如下。

1.以专业学习为目的的社会实践开展模式

以专业学习为目的的社会实践开展模式的重点在于让大学生充分应用自己所学的专业知识，用它去解决实际问题，从而加深其对专业的理解，提升其专业水平。如今，许多大学生都掌握了基础的专业知识，但想要在实践中应用这些理论知识仍是一个巨大的挑战。因此，采用这种以专业学习为目的的社会实践模式尤其重要。这种实践模式主要通过实地实习、实地考查、教学实践和毕业设计等方式来实现。在这样的社会实践中，大学生不仅能够发现并弥补他们在理论知识和实际应用之间存在的差距，还能锻炼他们的信息搜集、分析、处理能力，学习能力以及分析问题和解决问题的能力。这种社会实践应强调个人与社会的和谐统一。

2.以服务社会为目的的社会实践开展模式

以服务社会为目的的社会实践开展模式注重充分利用高校的教育资源、技术资源以及人力资源来满足社会的人力资源需求，为大学生提供了一个了解社会、民情，发挥其专业技能的平台，同时能培养大学生观察与分析社会问题的能力、社会责任感等。这种社会实践模式的主要活动包括环境保护、支教、道德实践和志愿者帮扶活动等。通过此类社会实践，大学生不仅可以深入了解社会，还可以展现出当代年轻人"团结、友爱、互助、进步"的价值观，培养出为人民服务的服务意识，提升互动交流和团队合作的能力。

3.以勤工助学为目的的社会实践开展模式

以勤工助学为目的的社会实践开展模式着眼于为有经济困难的大学生提供有偿的实践机会，缓解其经济负担，使其养成自立自强、自力更生的精神，锻炼其技能特长。这种社会实践模式的主要活动涵盖了日常的宿舍清洁、食堂帮工、商场促销以及专业的家电维修、市场调研、活动策划、外文翻译、家教服务等。高校应积极构建并完善大学生勤工助学的市场和管理机制，不仅让更多家境困难的大学生顺利毕业,还为他们提供更多与接触社会、认识社会、了解社会以及与社会互动的机会,加强其实践能力与社会适应能力。

4.以择业就业为目的的社会实践开展模式

以择业就业为目的的社会实践开展模式则强调大学生参与社会实践应从自身未来就业、择业需求出发,明确自己的实践目标,在实践中不断地锻炼自身技能,加深对自己的认知。当前国内外一些高校都制定并实施了优秀、有效的人才培养模式,如河南大学和国防科技大学的"订单式"人才培养模式,以德国为代表的"双元制"(由企业和学校共同负责培养人才的任务,按照企业对人才的要求组织教学和岗位培训)人才培养模式,以澳大利亚、英国为代表的"CBET"(以能力为基础的教育与培训)人才培养模式,以加拿大、美国为代表的"CBE"(以能力为基础的教育)人才培养模式等。基于此,以择业就业为目的的社会实践开展模式主要包含两种实践载体:一是订单型社会实践,也可以称为菜单型社会实践,是高校与接受企业基于市场需求共同组织社会实践,具体流程包括市场需求分析(订单或菜单)—高校理论教学—企业实操或校内模拟—企业或校内深化教学—就业,目的是培养出适应性极强的高级专业人才;二是检验型社会实践,此实践模式是让大学生在接受校内导师和校外专家的双重指导下,通过校内或校外实习和工作增强其实际操作能力,同时培养其独立工作的能力,将学生心态转换为职业心态。

(二)营造公众参与氛围,增强大学生社会实践管理活力

大学生社会实践为大学生全面发展提供了重要支持和全新渠道,因此高校需着重强调大学生社会实践在大学生素质教育中的核心地位,让大学生认识到社会实践的重要性,同时努力营造公众参与氛围,使大学生、家庭及社区关注、参与并支持社会实践活动,提高其活跃性与影响力。

1.分层次、分专业开展社会实践活动,让各类大学生参与进来

要营造公众参与氛围,关键是将各个专业领域的技术人才纳入社会实践的

管理框架内，鼓励本科生、研究生等学生群体深度参与，最大化挖掘其专业潜能，为社会实践服务，并从中取得优异成绩，增强实践效果，确保大学生真实感受到社会实践蕴含的无穷魅力。通过这种分层次、分专业的社会实践活动，所有大学生都能充分地运用其所学，赢得社会的尊重与肯定。

2.形成学校、家庭、社区在社会实践上的合力

大学生参与社会实践活动不仅涉及学校的推广和组织，还离不开家庭的支持和理解以及社区的接纳与合作。高校需要通过有效的宣传策略和政策引导构建一个"学校引领、家庭协助、社区配合"的协同机制，使大学生社会实践从校园活动上升到社会全员参与的育人活动，实现学校、家庭和社区在社会实践中的联动，为大学生社会实践活动提供持续的动力和支持。

3.完善大学生社会实践的教学培养体系

高校必须统一思想、转变认知、整合资源，构建并完善大学生社会实践教学培养体系。高校需要结合大学生所处的不同学习阶段以及所学的不同专业背景制定相应的实践课程。而且高校要建立一个全面且具体的与大学生的学习阶段和专业特点相匹配的社会实践教学计划，列出社会实践教学大纲，编写教学教材，明确实践课程的学分、时长和数量以及实践课程的目标、任务、要求、形式和内容，并配备专业的教育人员指导。此实践课程应被纳入大学生的必修课程体系，并与大学生的综合素质测评以及各种荣誉评定相关联。高校还要创建社会实践课程评估机制，结合定性与定量分析，鼓励大学生在实践中大胆创新。

4.确保大学生社会实践活动的经费投入

社会实践活动的开展离不开资金，如果没有充足的资金支持，社会实践活动根本无法得到全面推广，营造公众参与氛围、让广大的大学生参与到社会实践就成了一句空话。为此，高校应根据每年的实践活动安排提供必要的资金，以保证实践活动顺利开展。高校筹措资金的途径并不唯一，可以寻求企业赞助、公众捐赠等，还可以通过给予赞助商冠名权等特殊权利的方式来筹集资金。此外，高校可以充分利用其研究优势和人才资源，开展多种筹资活动，保

证大学生社会实践活动的顺利开展。开展社会实践活动所需的经费应单独列在学校经费预算当中，特定的社会实践活动和表彰活动的经费则由社会实践领导组专门管理，日常活动和系活动、班级活动的资金则由相应管理部门负责，但社会实践所需费用在总预算中的占比应不低于25%。

（三）加强管理队伍建设，夯实大学生社会实践管理基础

在社会实践活动开展过程中，社会实践管理队伍的素质至关重要，他们不仅在社会实践中担任着关键的领导角色和组织角色，还决定了大学生社会实践活动能否有序开展以及能否达成预期效果。因此，强化社会实践管理队伍的组织和管理才能是大学生社会实践活动成功的核心要素。

1.高校各部门加强合作，提高管理效率

高校的党政机关是社会实践的最高领导，而高校共青团组织则是社会实践活动的具体组织者和执行者，这两个组织应协同合作，确保社会实践活动顺利进行。此外，高校还应探索一些创新的工作开展方法。高校中所有与大学生相关的部门都应参与到大学生社会实践的组织和管理工作当中，其中高校党组织主要负责从政治上领导社会实践活动，而教育、科研、后勤等部门主要负责为社会实践活动提供必要的支持。总而言之，高校各部门应加强合作，形成党、政、工、团齐抓共管大学生社会实践活动的机制，提高管理效率。

2.加大专业教师培训力度，优化年龄结构

高校不仅需要充分发挥教师的专业才能，还要为其提供专业化的培训，实现专业知识的更新和专业能力的提升。具体来讲，高校应结合大学生社会实践的真实需求以及教师的个人特性有针对性、有计划地组织教师接受教育培训，挖掘其潜在能力。高校之所以会加大对教师的培训力度，主要原因是这样做能有效促进实践教师队伍不断完善、提升教师队伍的管理素养。根据教师的类型制定对应的培训标准。一般教师的培训重点主要在于基础技能的培训、社会实践的认识、知识体系的拓展及更进一步向着硕士、博士努力的课程学习。拥有高级职称的教师的培训则应关注本学科的前沿发展趋势、掌握应用学科、新兴学科、边缘学科最新的学术成果，提升其学术指导水平，确保其在大学生参与社会实践时给出更专业的指导。同时，对所有教师进行多元技能的培养，如外语知识、计算机技能以及先进技术、先进设备的应用等。此外，高校还要改善教师队伍的年龄结构，确保不同经验的老、中、青三代教师拥有合理的比例，提高对大学生参加社会实践活动的指导效果。如果条件允许，高校还可以聘用校外专家或者专业教师加入队伍，进一步提升队伍的整体素质。

3.进一步提高辅导员素质，培养专职辅导员

提升高校辅导员的思想素质，用马克思主义中国化的最新理论武装其头脑，帮助他们理解并掌握马克思主义理论的应用，增强其问题分析能力。提升高校辅导员的专业素养，促使他们努力学习并运用教育学、管理学以及心理学领域的理论知识，同时开展工作实务训练，提高辅导员统筹协调和处理复杂问题的能力。此外，为辅导员做好职业生涯规划，确保其清楚自己的职业发展方向和目标，向着"专家化、职业化、专业化"的方向发展。

4.加强学生干部队伍建设，提高学生自我管理能力

在大学生参与社会实践活动过程中，除了专业教师和辅导员的指导，还需接受学生干部的指导，他们的地位与上述二者同等重要。当学生干部的素质和热情有显著提升后，必然会更好地协助教师开展工作，同时鼓励更多的同学参与社会实践活动。因此，高校应重视对学生干部队伍的培训，指导他们如何平衡学业与工作、团队与个人，提升其组织协调能力、团队协作能力、创新能力以及抗压能力。此外，构建恰当的考核激励机制，激发学生干部中的积极态度、挑战精神及团队领导能力，组建一支具有高度凝聚力和广泛认同的学生干部队伍，提高大学生的自我管理能力，为大学生的社会实践管理奠定坚实的组织基础。

（四）规范建立动态监控体系，优化大学生社会实践管理过程

大学生社会实践管理的本质是一项系统工程，主要包含三个环节，分别是事前计划、事中控制和事后反馈，其中事前计划包括领导机构、制度健全、指导队伍、方案设计、团队组建以及人员培训等，是社会实践管理顺利开展的基础；事中控制包括检查督促、信息反馈、宣传报道等，是对社会实践管理的实时监控；事后反馈包括总结表彰、成果提升、基地建设等，是管理绩效的进一步提升。"事前计划、事中控制、事后反馈"的动态监控体系，为大学生社会实践管理顺利进行提供了保障。

1.大学生社会实践管理的事前计划

（1）领导机构。大学生社会实践活动领导机构应由学校领导牵头，成员包括校党委宣传部、团委、教务处、学生工作部、组织部、科研处、财务处、保卫处等部门的负责人，该领导小组负责社会实践活动的全面监督和宏观领导。拥有统一的领导机构不仅能确保大学生社会实践活动能够获得充足的资源、资金和人员支持，还能够有效整合和协调各实施单位和相关团队，确保社会实践活动的有序进行。

（2）制度健全。大学生社会实践管理的制度涵盖了指导思想、内容形式、组织原则、考核制度、总结制度、激励制度、管理制度等。明确、完备、规范的制度体系不仅可以科学界定大学生社会实践管理的各项方针政策，也保障了高校对大学生社会实践活动的有序管理。

（3）指导队伍。这个队伍的成员包括学校党团干部、学科老师和学生辅导员等，成员的专业素养、积极态度和创新精神在一定程度上决定了大学生社会实践活动能否成功。高校除了通过培训持续提升教师的思想道德修养和专业技能，还要将他们对大学生社会实践活动的指导表现纳入工作评估，不仅能刺激他们积极参与和指导大学生社会实践活动，也能引导学生提高自己的综合素质和能力。

（4）方案设计。只有经过精准的策划和组织才能保证大学生社会实践活动的成功开展，尤其是要落实实践方案的设计。高校应当对可能开展社会实践

活动的地点进行针对性的实地考察，了解当地社区或其他合作实体的实际需求，并根据学校的实际条件与这些需求进行对接，设计"定制服务"或"选择服务"模式的实践方案。此方案应详尽列明，包括实践主题、任务描述、活动方式、参与者信息、资金规划、时间表和安全预防措施等各种社会实践活动的具体细节。

（5）团队组建。鉴于每个大学生所学专业和所处年级不完全相同，大学生社会实践活动应提供多种形式供大学生选择。在组建实践团队时可以摒弃传统的年级和专业的界限，团队中可以包括本科生、研究生等不同成员，只需要确保他们拥有坚定的政治观念、明确的责任分工和专业的技能配备等。团队领队一般交由学院的领导，如党委副书记、团委书记担任，也可以选择辅导员担任领队。此外，每个团队的领导需要根据社会实践项目需求聘请相关领域的专家和学者。

（6）人员培训。当大学生社会实践团队具备超高的政治素质和专业能力时，大学生社会实践活动必然能稳步向前推进，同时能培养出符合社会发展需求的高素质人才。高校可以邀请党政干部、相关学科的专家学者对实践团队成员进行专业培训，具体可以从理论知识、社会研究技巧、宣传撰写技巧、紧急医疗知识、社交礼仪以及摄影技术等方面进行全方位训练。

2.大学生社会实践管理的事中控制

（1）检查督促。在大学生社会实践管理过程中，为了达到预期目标必然离不开强有力的检查督促。所谓的检查督促指的是高校社会实践领导机构应用多种方式监督和评估大学生社会实践活动设计方案，明确大学生参与社会实践活动的目标，遵循的规章制度以及在实施阶段取得的成绩与遭遇的挑战。检查督促的形式并不固定，可以是定期检查也可以是不定期检查，可以是全面检查也可以是抽样检查，可以是书面检查也可以是口头汇报检查。

（2）信息反馈。在社会实践落实过程中总会碰到一些不可预测的因素。这些因素可能是由于初步调查资料不够完整导致方案设计出现局部偏差，或是由于不可控的突发事件导致原定计划中断。为了保障社会实践活动的顺利开展，任何关键信息都必须及时传达给社会实践领导机构和管理团队，以便于做出相应调整。

（3）宣传报道。大学生社会实践领导机构通过校内和校外的媒体平台宣传报道社会实践活动，详细、公正地呈现社会实践活动的各个环节，促使该活动顺利开展。宣传报道的表现形式也是多样的，主要包括实践活动参与者或其他相关人士向上级领导提交关于实践活动的简要报告，其中一般包含记录实践活动特别时刻的图片和音视频材料，还包括将社会实践活动中发生的好人好事、出现的优秀人物作为榜样进行广泛宣传以及与电视台、报社等新闻媒体沟通要求其对社会实践活动开展过程进行跟踪报道等。这样做不仅增强了活动的社会影响，还为未来的活动评估和评优提供了宝贵的参考数据。

3.大学生社会实践管理的事后反馈

（1）总结表彰。在社会实践活动结束以后，高校应立刻组织参加活动的大学生进行经验总结，学校管理部门、各院系和班级可以举办社会实践讨论会、报告会、经验分享会和成果展示会等活动，宣扬那些在社会实践活动中表现优异的团队和个人以及他们的先进事迹，全面吸收社会实践的巨大价值。同时，学校应基于明确科学的考核评价标准，遵循公正、公平、公开的原则，结合申请和评审机制评选出先进单位奖、优秀实践团队奖、优秀指导教师奖、社会实践先进个人奖、优秀社会调查报告等奖项，为在社会实践活动者中做出突出贡献的集体与个人给予表彰和奖励。

（2）成果提升。参加社会实践活动的大学生在活动结束后必然会收获各种各样的成果，成果的形式五花八门，有的是调研报告、照片、活动视频，有的是日记，还有的是感人事迹材料，等等。当他们回到学校后，学校会将这些资料按主题或项目分类、整理，调研专题组或调研团队会对其进行二次整理，以学校名义立项，争取更高层次的研究基金支持；可以将其作为参加"挑战杯"全国大学生课外学术科技竞赛的参赛作品，必定可以获奖；也可以根据资料撰写调查报告或论文，成集出版，同时与媒体单位合作制作纪录片；还可以组织成果鉴定会和发布会，将调研内容分享给当地政府和社会，大学生通过活动"受教育、长才干"，实现以研促学、学以致用、服务社会的目标。

（3）基地建设。基地是社会实践活动开展的主要场所，有了基地才能保证社会实践活动顺利开展，而且它为大学生社会实践提供了较为稳定的实践对象、研究主题和评价标准。因此，学校在经历多方面的前期调查研究后可以充分运用自身资源和社会建立联系，在合适的地方建立综合性的社会实践基地。基地建成后再结合配套的实践资源和相关政策，能够在学校、当地政府和企业之间构建一个融合科研、教学和生产实践的平台，实现共同发展。

（五）建立长效管理机制，提高大学生社会实践管理效能

要想建立大学生社会实践活动的长效管理机制，首先需要明确"机制"的含义。简单地说，机制就是指完成任务的方式和方法，而长效管理机制指的是一套经时间检验、效果显著的经过深入分析和归纳后上升到某种理论层次，并受到相应规章制度保障的方式和方法。此机制建立后对大学生社会实践管理最大的帮助在于能够确保使用优质的有效的工作方法且能够长期保持。

因此，大学生社会实践的长效管理机制可以被看作保证大学生社会实践活动长期、顺利地运行下去，并在未来一段时间内对大学生社会实践产生积极影响的管理模式和体制的集合。大学生社会实践活动长效管理机制具有持久性、有效性和系统性三个典型特征，这意味着提升大学生社会实践管理的核心动力源于加强大学生社会实践领导组织体系建设、建立稳定有效的大学生社会实践基地等措施。

1.加强大学生社会实践领导组织体系建设

影响大学生社会实践活动成功的因素有很多，最关键的是学校的周密策划和组织、地方政府的大力支持、共青团的主导以及党政领导和社区各方的帮助。经过各方的团结合作，近几年的大学生社会实践已经初步形成了政府、社会、学校三方共同参与，统一调控的组织结构。然而，随着时代的发展，形势出现了转变，对大学生社会实践的领导组织工作的要求也在逐步提升。特别是高校，必须积极适应新的形势以及新形势下产生的新需求，进而构建一个权责清明、流程畅通的组织结构。首先，建立一个包含学校领导和相关部门领导的专业领导团队，负责活动的统筹规划，同时加强大学生社会实践对内和对外的协调和联系，确保大学生社会实践活动开展的持续性和稳定性。其次，构建科学的管理制度，制定科学的制度措施，并逐条落实，从而确保大学生社会实践的顺利、规范进行。最后，将大学生社会实践与高校教学的整体规划有机融合，使其成为课堂教学的"第一课堂"。

2.建立稳定有效的大学生社会实践基地

大学生社会实践基地不仅是大学生社会实践活动的关键载体和核心平台，也是学生走进社会、体验社会、了解社会和服务社会的重要通道，建立稳定有效的大学生社会实践基地是保证大学生社会实践活动顺利开展的关键因素。在构建大学生社会实践长效管理机制时，实践基地的建设也不容忽视。学校在规划实践基地时，应以大学生的实际需求为基础，考虑其专业背景和结构特点，明确大学生社会实践的目标、方案和内容，最后确定实践基地的建设方案。在实践基地建设过程中，所有相关方都应遵循共建共益的理念，积极参与到建设当中。首先，地方政府可以为积极参与实践基地建设的企业单位提供一定的政策偏向，创造一个支持社会实践基地建设的正面环境，吸引更多的企业主动参与到大学生社会实践基地的建设当中。其次，相关企业需要增强其社会责任感，欣然接受大学生并为他们提供实践机会。再次，高校应与这些企业保持紧密联系，在它们遇到困难时及时提供解决方案，长此以往，双方应展开长期合作，制定长远规划，确保社会实践活动成为高校教学核心，实现社会实践活动的长效性。最后，大学生在基地参与社会实践活动时应始终保持谦虚，从基础工作做起，主动向企业人员请教。在这种互惠互利的基础上，高校和企业才能真正发挥自身优势，明确自身职责和义务，建立起优势互补、共同发展和稳定有效的大学生社会实践基地。

此外，为了保证大学生社会实践基地的长效性，学校可以设立社会实践信息服务中心，不仅可以及时掌握基地的变化，了解基地实际需求，还能整合学校在科研领域取得的成果和进展，与基地定期进行信息交流，加强与实践基地的联系，确保大学生社会实践活动的长期稳定发展。

第六章

大学生就业与创业管理研究

第一节 大学生职业生涯规划指导研究

一、职业生涯规划指导的相关概念

（一）职业

当我们探讨职业生涯规划时，首先要做的就是明确职业的含义。职业这一词汇的诞生其实源于社会进步和社会分工，它包含两部分：第一部分是"职"，指的是职责、职位；第二部分是"业"，指的是事业、行业。因此，我们认为的职业是人通过应用自身掌握的知识和技能参与社会分工，在为社会创造财富的同时获取相应报酬且满足自身精神需求和物质需求的社会劳动。从这个定义来看，职业不仅是人获取经济收益的重要途径，还是展现自我才华、实现自我价值的关键平台。每个人对职业的选择其实是他们对未来一段时间生活方式的选择。对个人来讲，职业至关重要，它不仅决定了他们未来的社会地位、经济收入、发展机会、生活品质等，还决定了他们的人生追求。

（二）职业生涯

谈及职业生涯，它指的并不仅仅是某个人的职业经验或职务的变迁，也是他们在职业领域中的成长和演进。与单一的职业相比，职业生涯更注重于个人的职业发展和变革。因此，职业生涯是一个人一生中不可或缺的重要经历，是个体追求自我价值和实现人生目标的关键阶段，决定着每个人的生命意义。

（三）职业生涯规划

职业生涯规划指的是个体在综合考量个人发展和组织发展的前提下根据自身和市场环境的实际情况确定了个人目标，并为达成此目标遵循预先设计好的循序渐进、稳步发展的策略从事相应活动的过程。每位职业者都必须担任自己职业生涯的设计师和执行者。成功的职业生涯规划是我们基于个人的兴趣、性格、能力、教育背景等主观因素，以及外部环境等客观因素经过综合考量后做出的确保自己处于能充分展现才华和实现自我价值最佳位置的明智选择。从本质上讲，职业生涯规划其实就是一场追求职业生涯最优解的旅程。

规划职业生涯通常包括五大环节，分别是自我分析与定位，评估职业生涯机会，确定职业目标、方向和路线，制订职业生涯计划，反馈和调整。职业生涯规划并非一成不变，一旦影响职业生涯的主观条件或客观条件发生变化，职业生涯规划的发展也会随之变化，因此它是一个动态变化的过程，从每个人选择职业开始到退休的全部过程都离不开它。此外，为了更好地适应条件变化，职业生涯开发与管理的侧重点也不尽相同。

职业生涯规划最显著的特点就是阶段性和唯一性。所谓阶段性指的是每个人的职业发展都会经历多个不同的阶段，每个阶段都有其独特之处，在这些不同阶段中，制定符合阶段特点的策略和决策最关键，从而避免在职业道路上盲目前行。所谓的唯一性是由于人的成长历程是唯一且不能重来的，这就意味着我们无法改变过去或抹掉过去，我们只能在现有情况的基础上不断前行。这种唯一性凸显了职业发展道路上每一个细节的重要性，因此我们必须珍视职业生涯中的每一个决定和每一步行动。

（四）职业生涯规划指导

在研究各种与职业生涯规划指导相关的文献时，我们注意到虽然许多学者都提出了职业生涯规划和职业生涯规划指导的概念，但并未明确职业生涯规划指导的定义，有的专家将指导作为单独的解释，有的专家甚至将二者视为等同。但实际上，它们是两个有明显区别的概念，职业生涯规划指导并不是职业生涯规划和指导的相加，二者的核心主体有本质区别。

刘武昌认为，职业生涯规划指导是指学校有组织、有计划地引导学生在充分认识个人的性格、兴趣、潜能等个人素质和专业环境、市场环境的前提下，主动地确立个人职业发展目标并努力实现这个目标的活动[1]。王萍认为，职业生涯规划指导是指根据个体的实际情况及其所处的环境，指导其确立职业生涯目标，选择职业生涯发展通道，并采取适宜的行动和措施实现职业生涯目标的一系列教育行为的总和[2]。

职业生涯规划指导，从其名称就可以看出，强调的是从第三方的角度为个人的职业生涯规划提供合理的建议和指导。而大学生职业生涯规划是大学生根据自身条件和外部市场存在的发展机会，综合分析、评估影响他们职业生涯的主客观因素，明确自己的事业发展方向和职业选择，同时制订相应的教育和培训计划，合理安排每一步的方向、顺序和时间，通过增强大学生的自我认知、自我肯定实现自我成长，最终达到自我实现的个人发展过程。而职业生涯规划指导是指高校有针对性地、系统地采纳某些策略和方法，以辅助大学生更有效地、更合理地完成他们的职业生涯规划，达到他们的职业目标。

二、职业生涯规划的意义

当一个人具备职业规划意识时会自然地承担起实现未来成长的重要责任，这会促使他主动地了解、探索自我，寻求适合自己的职业，并在充分了解、分析现有环境的背景下做出明智的职业选择，同时为自己设定一个明确且实际的职业目标，并为之努力，希望能取得事业上的成功，享受生活的乐趣。实际上，具备职业规划的意识和采取相应行动能大大提升个人在职业领域中的发展速度，还能避免走弯路，从而让我们更快速地迈向职业与人生的巅峰。

---

[1] 刘武昌.高职院校职业生涯规划指导研究[D].武汉：中南民族大学，2009.
[2] 王萍.农村中等职业学校学生职业生涯规划指导研究[D].石家庄：河北师范大学，2009.

根据舒伯（Super）提出的职业生涯发展阶段理论可知，当前大学生正身处于职业探索期。在此阶段，他们的技能和能力会快速增长，职业兴趣也逐步定型，对未来职业的期望也逐渐明晰，一旦他们完成学业以及职前准备，就会正式踏入职场，开启新的职业篇章。因此，这个阶段是大学生做出关乎自己整个职业生涯最关键选择的阶段，如何正确地规划未来个人职业选择和发展方向至关重要。

对大学生来说，大学阶段是其职业生涯的准备阶段，直接关乎其未来职业生涯的发展。随着社会的飞速发展，我国整体教育水平稳步提升，企业在招聘时也提高了对大学毕业生的期望值。大学生不仅要具备丰富的专业知识、娴熟的外语能力和计算机技能，还要具备一定的交际技巧、团队精神、创新思维和领导才能。因此，大学生不仅要在大学阶段全盘掌握所学学科的专业知识，还要努力提高自身的职业技巧、综合素质，实现个性成熟。此外，了解并运用职业生涯规划的相关知识和技巧，有助于大学生在大学阶段充分利用时间，既能增强其竞争力，还能在选择未来职业发展方向时做出更明智的选择，从而在职业道路上稳步前行。

三、职业生涯规划的步骤与方法

（一）自我探索

在职业生涯规划当中最基础、最关键的环节之一就是自我探索。一个人只有在深入挖掘自我、全面了解自身后，才能明确自己职业生涯的发展方向，才能做出正确的选择。自我探索的内容并不只是对自己身体是否康健的了解，最主要的是对自身性格、才能、兴趣、价值理念、情感智慧以及自身长处和短板等方面的了解。为了更准确地了解自己，我们可以利用职业测评工具，或者从同事、老师、亲友那里获取评价反馈。

（二）职业社会探索

在完成自我探索后，职业社会探索就是紧跟的下一个步骤。当大学生对自我有足够了解之后，就需要深入了解职业社会，如政治环境、经济环境、文化环境等，掌握劳动力市场的动态变化，熟悉各个行业和职业的基本分类和人员需求，还需要了解各种职业未来的成长轨迹和内在规律等。大学生只有在了解自己以及职业社会的具体情况的基础上才能为自己的未来制定明智的生涯策略。

（三）科学决策

生涯决策是职业生涯规划的关键环节和核心内容，是大学生基于对自身以及职业社会的深入了解和自我匹配后确定自身职业生涯目标和职业发展路线的过程。职业生涯目标的形式五花八门，主要包括短期目标、中期目标、长期目标、人生目标，这些目标的确定与大学生的短期、中期、长期职业规划以及整体人生计划一一对应。大学生在确定自己的职业生涯目标时，首先要从自身的个性、爱好、价值观、专业背景出发，同时结合社会发展和需求来确定自己的人生目标和长期目标，然后将上述目标分解并进一步细化，最终确定自己的中期目标和短期目标。

（四）有效行动

确定职业生涯目标后，行动的执行力和有效性将是衡量一个人职业生涯能否成功的决定性因素。要知道，如果没有付诸行动，即使目标再宏大，也只是纸上谈兵，自然无法真正体验事业成功的快感。为了实现职业生涯目标，我们需要将它转化为具体的行动和步骤，如深入学习、接受专业培训、参加社会实践、企业实习、提高面试技能、调整求职方法等。

（五）评估与回馈

职业生涯规划会受到多种因素的影响，有些因素我们可以预见，有些因素却根本无法掌握。在这样的背景下，为了确保生涯规划的有效性，对职业生涯规划各个阶段的评估和回馈就显得至关重要。首先，掌握每年职业生涯目标的完成情况，明确哪些是已实现的，哪些尚待努力。其次，深入分析未达成目标背后的原因和遇到的发展障碍，制定针对性的应对策略。最后，基于这些评估结果适当调整下一年的执行计划。如果情况需要，也可以重新确定职业目标和职业发展方向，但在做此决定时务必谨慎思考。

四、大学生职业生涯规划指导的实施与优化

（一）健全机制，搭建高校职业生涯规划教育服务机构

学校相关部门的引导对大学生职业生涯规划各个环节的顺利开展发挥了重要作用，基于此，学校应努力构建一个拥有完整职业生涯规划教育功能的服务机构，切实指导大学生完成职业生涯规划。如今，我国大学生职业规划组织结构大多遵循"线性—功能式"模式，即由"学校领导层—高校职业生涯规划教育中心—各学院—具体专业"这样的链条组成。其中，职业生涯规划教育中心不仅提供专业的职业生涯规划咨询和指导、职业生涯教研室（教学、研究）服务，还与用人单位、劳动市场建立联系，构建可以实现网上测试、招聘的就业网站，并负责开拓市场，提供签合同、管理档案等就业办理服务；各个学院均设有专门的职业生涯规划教育办公室，各专业系则配备专业的工作人员。

为了确保高校职业生涯规划机构的高效运作，必须构建一套明确的操作流程。高校职业生涯规划机构可根据本校的独特优势，应用项目管理制度，由学生事务部、教务处、校团委、就业中心、校友会以及企业顾问团队等部门展开紧密合作，共同承担管理职责。其中，学生事务部的主要工作是引导低年级大学生进行自我认知，了解自身的兴趣、能力、特长、性格以及职业倾向等内容，同时负责为集体及个人提供职业生涯规划辅导、职业心理转变和调整。教务处的主要工作是开设与职业生涯规划相关的课程，举办职业生涯规划讲座，让大学生掌握职业生涯规划理论知识和技能。校团委的主要工作是通过各种大学生团体组织职业生涯规划竞赛，增强大学生对职业生涯规划的认识，提升大学生职业生涯规划技巧。就业中心的主要工作是指导高年级大学生就业、择业、创业，教授其求职技巧，为其提供就业机会，把职业生涯规划与学校的招

生活动融合在一起。校友会和企业顾问团队的主要工作是根据市场、行业需求和专业背景，为学生提供实习和实践机会。

（二）系统教育，构建完备的职业生涯规划课程体系

高校应将职业生涯规划教育纳入大学生课程体系当中，并确定其必修课的身份，保证所有大学生都要学习这一课程。大学生职业生涯规划课程应以学生为本，以社会需求和市场趋势为指导，帮助大学生在正式步入职场前进行思维方式、职业态度、知识储备、技术技能等方面的锻炼，确保其在进入职场后能够完全应对职业难题。高校中处于不同年级的大学生年龄也不一样，根据职业生涯规划理论可知不同年龄的人有独属于该年龄段的特殊性，这就要求高校根据大学生的年龄提供定制化的课程，如自我探索、职业探索、职业品质培养、当前就业形势、成功案例分享和职业实践等。另外，还可以根据大学生的实际需求提供如"精选职业指导讲座""职业能力培训"和"职业评估与咨询"等特色服务，构建一个多维度、立体式的职业生涯规划服务体系，进一步强化大学生对职业生涯规划重要性的认识，促使其学会如何设计适合自己的未来职业发展路线。

（三）加强师资，建设专业化高素质的职业生涯指导队伍

为大学生提供专业的职业生涯规划服务必然离不开专业的职业生涯指导人员，因此构建职业生涯指导教师队伍迫在眉睫。但是职业生涯指导教师队伍的建设并不是大量招聘专业的教师，而是应构建多层次、多梯度的，兼职、全职团结协作的，课内、课外相辅相成的师资队伍体系。大学生职业生涯规划指导队伍可包含三大核心：第一个核心是全职指导人员，包括专门负责就业的工作人员和职业生涯规划人员。他们是职业生涯规划中心的中坚骨干，不仅要承担整个中心的运营指导工作，还要负责职业生涯教育教材的撰写，研究职业生涯理论，更重要的是负责培训下一层级的就业指导团队。第二个核心是兼职指导人员，包括日常教学课程的教师和辅导员，他们的主要工作是负责在教学和开

展思想教育过程中为大学生提供职业生涯规划的建议和就业指导。第三个核心是外界的行业专家，他们主要为大学生提供专题讲座和指导咨询。这种多层次的团队结构可以使我们结合大学生的个人情况、所处阶段邀请适合大学生的教师为其提供针对性的指导和教育。

（四）多种形式，丰富职业生涯规划教育的途径

高校除了提供常规的职业生涯规划课程，还应组织专题讲座，为学生提供个人或小组辅导，同时针对大学生进行职业发展调研，举办职业生涯规划竞赛，为大学生提供实习和社会实践机会，还可以通过职业生涯规划理论与实践的结合，帮助大学生深入了解职业领域的各方面知识，如行业趋势、工作职责、职业道德和职业法律法规、发展前景和薪酬结构等，全面、系统地协助大学生了解自我和职业环境，明确自己职业生涯发展中的目标。

（五）重点关注，遵循职业生涯教育个性化的原则

高校应结合大学生的性格特点、兴趣爱好、心理状况以及才华能力等分析社会中存在的职业的特点，使大学生更好地了解自己，并进行自我评估。通过这种自我评估，高校可以帮助大学生找到最符合他们的职业类别，帮助其确定职业发展方向，发挥其潜在的职业能力，明确职业目标。为了更好地为大学生提供指导，高校除了向所有大学生提供基础的职业指导服务，还会提供个性化的一对一咨询和指导。大学生可以与指导老师预约时间进行面对面的交谈，或者通过网络向指导教师传递自己的求职申请、简历等资料获得教师更具体和深入的建议，从而帮助他们做出更有针对性的职业规划和求职准备。同时，高校还应高度重视那些曾经遭遇过心理问题的大学生以及其他特殊的大学生群体，深入了解并分析其个人情况和所面临的挑战，为他们制定有针对性的职业生涯教育策略。

（六）创新模式，实行职业生涯规划的班级管理模式

高校应积极追求模式创新，将为大学生提供职业生涯规划指导融入高校教育教学和班级管理当中，利用所有可利用的资源，协助大学生在实践中加深对自己的了解，同时创建一个专业的、促进职业发展的特殊沟通平台，鼓励大学生培养职业兴趣，提高大学生的职业技能，使大学生在大学期间能够掌握基础的职业生涯策划技能、信息的收集与处理能力以及决策能力，协助他们快速确定自己的职业发展方向，将校园营造成具备积极职业生涯规划与就业文化的良好环境。

（七）规范管理，完善大学生"职业生涯规划"档案制度

为了更加精准地开展职业生涯教育，畅通无阻的信息传递渠道必不可少，高校可以借助先进的技术手段完成信息渠道的构建，同时努力建立并完善大学生的"职业生涯规划"档案制度。信息渠道的建立不仅可以增加师生之间的交流，还能让职业规划指导教师及时掌握大学生对职业认识程度和态度的变化，从而提供更加个性化的指导，更重要的是有助于深入挖掘大学生在职业发展上的内在潜质。此外，大学生对于教师指导的即时反馈也能让教师及时了解大学生具备的职业优势和不足，然后结合大学生的职业愿景和职业目标为其提供明确的职业发展建议。

（八）加强建设，使就业指导系统化、科学化、全程化、规范化

1.系统、科学地规划就业指导课程和其他就业指导形式

坚持以学生为本的原则，以大学生的需求为根本出发点，以大学生就业能力的终身发展、整体发展为根本目标，为大学生设计科学和系统的就业指导课程，为大学生提供全程化、规范化的就业教育服务。

所谓的全程化就业教育就意味着职业生涯规划教育要从新生入学的那一刻开始，根据不同年级大学生的个性特点、需求和接受程度设计出有针对性、有侧重的职业生涯规划指导，并保持规划教育贯穿他们四年的学习生活。初入

校园的大一、大二学生本身对美好的大学生活充满了期待和好奇，也有成才的期盼，但也会感到迷茫和彷徨。此时，高校应在对其进行入学教育时重点突出立志教育，增强其自我认知，帮助他们理解社会环境，选择恰当的教学方法增强其学术基础和综合素质。到了大三，许多大学生开始为未来的职业道路做打算，此时高校要引导他们通过实习和实践真实地体验职场，明白职场的素质要求，同时大力开展素质拓展教育，提升他们的实践能力、沟通能力、创新能力以及人际交往能力等，增强其就业竞争力，更重要的是帮助他们了解自己与预选职业生涯的匹配程度，并进行及时的调整。而大四学生即将毕业，高校的工作重点应转向保证大学生满意就业，为其讲解求职经验，为其讲解国家政策、法律法规，为其提供心理辅导等全方位的就业援助，并进行创业指导与技能培训，教育引导大学生自觉实现从学生角色到职业角色的转换，实现自己的职业理想和目标。

所有的就业指导方案都应形成互补，构建一个完整且连贯的体系，明确每年的教学课程和活动日程安全，并提前通知大学生，让他们对自己的职业规划有明确的了解和预期，清楚每个学期的具体指导计划、实践活动等，真正做到让学生心中有数，遇到问题知道怎样寻求帮助。

2.加强就业指导的社会化，充分利用社会资源

这意味着构建一个由政府、社会、高校、企业和家庭组成的多方协同合作网络，鼓励大学生进入社会实践和锻炼，同时邀请行业专家来学校为大学生提供具体的职业建议，形成科学、高效、规范、有序的社会化就业指导体系，为大学生的全面就业铺设道路。

3.我们还需确保就业指导服务的连续性

从我们为学生提供的初步就业指导开始，到他们正式走上工作岗位，再到企业和毕业大学生为我们提供就业反馈，这一切都应被纳入一个持续更新的系统，为下一批大学生提供更加完美的就业指导，形成良性循环。实际上，众多毕业学生因其出色的能力和显眼的业绩都在无形之中增加了学校大学生被雇用的机会，带来了更多的合作伙伴。

（九）建立专门的职业生涯规划指导中心

职业生涯规划指导中心是负责在全校范围内开展职业生涯规划理论教学和实践活动的部门，还负责协调学科教师和实践导师的关系，指引大学生正确规划自己的职业发展之路。

1.主要职责

（1）基于学校的学科优势和现有资源设计一个全面的职业生涯规划指导总体方案，明确指导目标，完善基础设施，制定管理制度，筹集资金，统筹开展所有指导活动。

（2）构建一个综合性的职业生涯规划指导服务体系，搜集相关的图书资源，应用先进的职业测评制度。开设并维持专用的职业服务网站，网站上拥有各种类型的指导课程和相应的指导服务，让大学生能更轻松地接触到职业生涯指导。

（3）组织并实施各种形式的职业生涯规划课程和实践活动，通过应用多样化的教学方法和日常指导，确保大学生了解、掌握职业生涯规划知识和技巧，指导他们进行自我分析与职业评估，做出明智的职业选择。

（4）建立完善的个性化服务体系，通过一对一的咨询谈话，帮助大学生解读自己职业生涯规划存在的问题，帮助他们清楚自己的职业目标和发展规划，创建个人的职业生涯规划档案。

（5）与团委、就业指导中心等部门和社会机构进行合作，定期邀请社会专家到校开办讲座，对大学生进行职业生涯规划指导，同时安排大学生积极参与各种社会实践活动，通过亲身体验增强他们的职业认知。

2.组织机构

职业生涯规划指导中心在开展工作时可根据任务需求将所有工作人员划分为多个专门的小组，小组成员根据教育者的专业背景和科研能力对应分配，整个组织架构采用扁平化管理的模式，具体如图6-1所示。

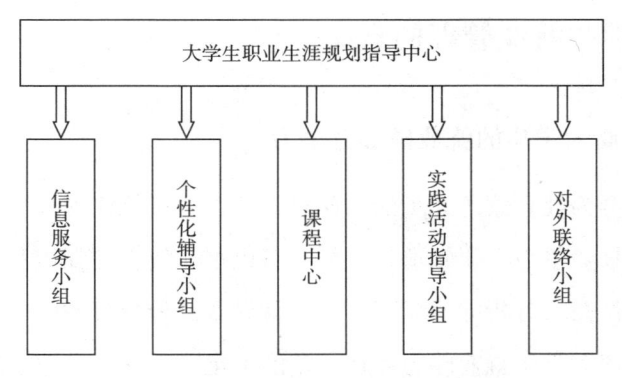

图6-1　大学生职业生涯规划指导中心结构

第二节　大学生就业管理创新研究

一、大学生就业管理概述

（一）就业管理

管理指的是为实现特定目标对人力、物资和信息资源的整合和协调的活动。而就业管理就是针对就业工作开展的管理活动，是党组织、政府机构、学校与其他主体通过运用各种法律、政策、机制、道德等就业规范体系为求职者提供必要的服务、协调、组织、监督和激励的活动或过程。

（二）大学生就业管理

本书中大学生就业管理的定义是高校运用就业规范体系为大学生进行服务、协调、组织、监控、激励的过程和活动。这个管理过程的核心目的是为用人单位和大学生提供关键的信息和服务，帮助大学生深入了解自己的能力和职业兴趣，并选择与社会职业需求匹配的职业。通过这种方式，大学生能够更加顺利地融入职场，充分发挥他们的潜力，实现自己的人生价值和社会价值。

二、大学生就业管理的意义

（一）提高大学生的就业核心竞争力

高校每年会为社会输送大量的高质量人才，通过就业管理工作能进一步增强大学生的市场竞争力。要知道，高校一直以来比较重视知识和技能的灌输，而对于社会职位需求分析却明显不足，这就导致高校教授的内容与市场需求存在明显偏差，使大学生就业能力存在一定的不足。大学生就业管理可以指导大学生进行就业创业，也可以保障就业管理与专业教育的高度融合，强化对大学生的素质教育和职业教育，还能确保他们在学习知识的过程中与实际工作需求建立联系，挖掘并发展其潜在才华，并随着市场需求的变化及时调整和扩展他们的知识结构，使其掌握更多的知识和技能。

（二）提升高校人才培养质量

大学生就业管理在一定程度上能促进高校人才培养质量的提升。大学生就业管理的开展需要高校将专业教学与职业培训结合在一起，促使学生具备更强的实践能力。多数高校已经在内部推行了一系列的就业管理措施，旨在通过就业管理组织的活动帮助学生掌握更多求职技能，从而更好地应对就业市场的竞争。综上所述，大学生就业管理可以在高校教育和企业需求之间搭建一个交流的桥梁，轻松实现信息交流和共享，如学校可以根据市场反馈信息及时调整课程设置和培训方向。

三、大学生就业管理创新对策

（一）提升服务理念，加强制度建设

1.更新就业服务理念

在当前复杂的就业环境下，高校中的大学生就业指导中心为大学生提供全

面的就业帮助和服务。因此，指导中心必须与时俱进，不断刷新其服务策略，紧密关注市场动态，强化其组织架构，确保其在为大学生、企业以及社会提供服务时实现效果最大化。

在日常实践中，就业管理人员应遵循"学生优先、服务至上"的原则，摒弃过去那种"官僚主义""机构化"的做事方式，减少过多的行政程序，更加接地气，强化服务职能。在为大学生提供服务时，他们需要真正关心学生、主动探索学生的就业期待与需要，在开展就业指导工作时绝不能应付差事，要以真诚之心为大学生着想。除了管理学生档案、发布招聘资讯和处理就业相关手续这些日常事务，他们还要帮助学生了解自我、厘清职业发展趋势、认识到就业市场的现实情况，强化其就业技能，还要在就业技巧培训、职业评估及就业权益保障等领域进一步优化个性化服务。对于企业，就业管理人员需要主动向其分享即将毕业的大学生的信息、专业背景以及人数等，热切地邀请他们到校招聘，并在这过程中为其提供必要的支援，如场地、人力等，同时需要持续收集企业对毕业生的反馈，以便调整其指导策略。总的来说，就业管理人员必须在开展工作过程中向大学生和企业提供周到、综合、高效的服务。

2.完善就业管理制度

显然，只凭就业指导中心根本无法完成就业管理工作，必须构建"校系两级、以系为主"的工作策略，将就业管理的焦点转移到系一级单位上。具体来讲，高校负责总体策略和宏观布局，提供政策与制度上的支撑，而具体的政策实施、措施落地以及细节上的就业指导与教育等任务交由各系承担。各系应设立就业指导服务点，由该系的党支部书记带领，配备专业的就业指导团队执行明确的就业指导任务。这就形成了自上而下、自下而上的垂直管理模式，各方集中力量推动就业管理工作的开展。

正如管理领域所强调的那样，"无评估即无管理"，完善的绩效评估机制至关重要，这句话也突出了评估在整个管理过程中的核心地位。根据绩效管理理念，一个健全的评估制度应涵盖明确的岗位职责、合理的人员配置、明确的工作目标与职责；一个包含"道德、能力、努力、技能"等多方面的评估标准，以全方位呈现就业管理人员的工作状况；为了确保这些标准的可行性，还可以进一步量化和细化相关工作任务。以此评估机制为基础得出的评估结果必然是可信的，高校可以根据结果对就业管理人员实施奖惩措施，表彰表现出色、做出突出贡献的成员。这不仅确保了工作人员的工作品质，还能激励工作人员更加主动、积极地投入工作。

想要了解就业管理工作的效果必然离不开就业管理评估反馈机制，该机制能使用一系列经过量化的图表明确表示高校提供的就业指导课程、开展的就业指导工作取得的成果，还能评估毕业生的就业质量。对就业指导课程的评估反馈可以清楚揭示就业辅导在内容设计和教学策略上存在的不足，同时能捕捉到大学生想要通过课程学到的内容，进而为教育者提供方向，使其能够及时调整教学内容，提升就业指导课程的效果。对就业指导成效的评估反馈能够让就业管理人员发现当前工作中的盲点，针对这些问题进行深入分析并迅速纠正，完善就业指导的方式方法，从而更好地满足大学生的需求。对毕业生就业质量的评估主要包含毕业生的就业满意度以及企业对毕业生的评价。高校也可以通过收集与分析毕业生就业方向和就业稳定性的数据得出更准确的评估。一些资源条件优渥的学校还可根据收集到的资料编写《年度就业质量报告》，深入分析毕业生数量、就业类型、就业率和就业方向等关键指标，从宏观视角分析毕业生的就业总体趋势。这样做不仅可以使学校开展的就业管理工作得到优化，还能为学校在人才培养策略、专业框架、教学方法等领域的创新提供宝贵建议，实现学校培训人才与市场需求的同步，推动学校的持久发展。

（二）实行全程化、个性化的就业指导

1.就业指导全程化

大学时期是学生处于自我发现与职业选择的关键时阶段。在此阶段，他们开始更加理性地看待自己，也逐渐具备了选择职业的判断力。很多学生会根据行业需求走进适合自己的工作空间或接受进一步的专业培训。因此，为大学生提供的就业指导必须遵循大学生职业生涯发展规律，针对大学生在这一阶段的

职业发展特点提供个性化指导。

全程化就业指导是将就业指导融入大学生整个大学阶段，目标是使他们在持续的就业指导中树立正确的人生观和价值观，明确职业选择方向，对当前的就业趋势有深入了解，更好地认识和理解自己，规划出与个人特点相符的职业生涯发展路径，同时通过系统性的学习，积累专业知识，增强自身的市场竞争力，为未来的职业发展奠定基础。对于不同年级的大学生，就业指导的培训目标有所不同：对于大一学生指导的重点是帮助他们对专业和相关职业有完整认识，引入职业生涯的基本理论，并使其养成良好的生活和学习习惯。对大二学生的指导重在提升其职业素养，鼓励他们认真学习、掌握专业知识，形成知识体系，同时根据行业需求有针对性地学习和掌握其他关键技能，提高其职业素养。对于大三学生指导的重点是帮助他们进行职业选择规划，确定与其特性相匹配的职业方向。而对于大四学生的指导则更多地聚焦于掌握具体的就业策略、认识当前的就业环境、增强法律意识、提供招聘信息等。此阶段的大学生大多数都有机会通过实习更加直观地体验未来的职业生涯，从而更加清楚自己的职业目标和发展方向。专科生相较于本科生而言在校时间稍短，他们在一、二年级的目标应等同本科生一、二、三年级的目标，三年级的目标应等同于本科生四、五年级的目标。这样，职业生涯规划的教育与就业能力的培养就能够系统地贯穿到大学生的整个大学生涯。

2.就业指导多样化与个性化相结合

面对人才需求不断变化的就业市场，高校必须结合大学生的个性特点为他们提供针对性和个性化的就业指导。具体来说，高校应在常规的课堂教学和理论培训之外，开展各种形式的指导活动，拓宽大学生的认知视角，并与常规的就业教育相结合，提升就业指导的效果和水平。

（1）高校可以组织各种各样与大学生就业相关的活动，如"就业简历工作坊""模拟面试挑战赛"和"就业信息周"。通过这些活动，大学生能够更好地将所学的理论知识应用到实践中，有助于他们更好地规划自己的职业生涯，为其顺利就业奠定基础。

（2）高校可以举办各种专业技能竞赛。以医学专业为例，大学生的就业能力往往与其专业技能息息相关。因此，通过专业技能竞赛不仅可以锻炼大学生的心态，还能提高他们的专业技巧，从而增加他们在就业市场上的竞争力。

在多样化的就业指导中，我们还必须注重指导的个性化。高校应根据大学生的性格、兴趣、专业技能和其他特点提供定制的、个性化的就业指导和服务。这意味着就业指导人员需要深入了解大学生的个性、人格、兴趣和专业等方面的内容，帮助他们更好地了解自己、了解所学专业，从而做出明智的职业选择，制定科学、合理的职业生涯规划，确保其职业选择与自身特点相匹配，实现自己的人生目标。

（三）完善就业管理信息网络建设

想要为毕业生提供更优质的就业服务，我们需要不断完善就业管理信息网络，建立一个能让学校、企业和毕业生实现友好交流的信息平台，同时不断探索新的管理方式和服务模式。此外，在向大学生提供就业服务时应把学生需求放在首位，利用"互联网+"的先进技术，实现智能化的岗位匹配，确保大学生的职业选择与企业的需求准确对接，这是优化大学生就业管理、提升就业率的关键途径。

1.丰富就业管理信息网络内容

就业管理信息网络核心的功能是为毕业生和企业提供方便快捷的服务，具体内容包括生源信息、职业生涯规划指导和咨询、创业指导、职业评估、国家现行就业政策、虚拟招聘、最新的职位信息等。高校可以在此网络上构建毕业生就业反馈系统，快速获取企业对于人才的需求情况，还要及时持续更新毕业生的就业数据，从而准确分析就业市场的发展趋势，并将结果反馈给学校，方便学校及时调整课程设计和人才培养模式。

2.积极利用新媒体手段

QQ、微信和微博等新媒体平台因其即时和便利的特性已成为现代人的主要信息获取源，因此高校应视其为发布就业信息的全新渠道，充分利用其广泛的影响力发布就业信息。

新媒体不仅可以作为企业和毕业生交流沟通的桥梁，大大提升了信息的流通效率，还可以成为高校就业管理的新战场，即企业可以在新媒体平台上自由地发布招聘信息，为大学生就业提供更多渠道。此外，新媒体还能作为高校之间的经验交流平台，发挥自身的长处，弥补自身的不足，提升就业管理水平。高校可以单独开设就业指导公众号，将国家的就业策略、就业和创业指导以及成功案例等内容发布在公众号中，既增加了就业管理的内容和形式，又提高了就业服务的实际效果。

新媒体平台还能作为线下和线上招聘的连接点，实现双赢，也为大学生提供全新的就业体验，而且线上招聘相较于传统的线下招聘打破了时间和地点的局限，更加经济高效。

3.提高全国大学生就业一站式服务系统利用率

全国大学生就业一站式服务系统是以教育部、各省市及各高校的就业网站为基础构建的就业服务系统，毕业生和企业都能注册。由于该系统具有强大的在线招聘功能，无论是招聘者还是求职者都能实现信息的定向发布。

对高校来说，此服务系统能够清晰地洞察企业在招聘中对人才的具体需求，高校可以针对这些需求灵活地调整其人才培养模式，改变课程结构和教学方法，确保培养出的毕业生能够满足社会需求。同时，高校就业管理部门也可从此系统中获取企业对毕业生应掌握的专业知识、技能以及个人综合素质的要求，及时调整就业指导方向，开展针对性的就业培训，提升大学生的就业能力。此外，高校还可以利用这一服务系统为所有毕业生建立就业档案，这样可以通过翻阅档案就能了解每个大学生的就业状况，为其提供更精确的就业服务，同时为尚未找到工作的毕业生提供重点式、针对式指导，特别是对那些面临就业难题的大学生，尽可能地满足他们的就业需求。

（四）健全就业管理学科建设

1.深入推进就业管理理论研究

就业管理工作具备特殊的内在规律，这提示我们有必要对其进行深入、科学的研究，找出其内在规律，提升管理效果。基于此，就业管理人员需要结合自己的工作经验来识别和研究就业管理工作的特点及发展规律，提升自己的认知，反过来指导工作的开展。为了使大学生就业指导工作迈走向新的高度，推进就业管理学科化建设就是最有效的路径。

2.完善就业管理课程体系

对于就业指导教师来说，他们需要增强大学生在课堂中的参与度，激发他们的学习兴趣，还应当在教学过程中积极发现、分析并整理出现的问题，以便挖掘就业管理存在的内在规律。在课程设计和理论构建上，教师应从大学生的真实需求出发，在教学实践中形成更适合学校、教师和学生的教材，同时不断更新教学内容、改进教学方法和工具，使其与社会经济发展保持同步。此外，还应将相关学科的最新进展和趋势融入课堂教学中，使大学生就业管理课程更具学术价值和实用性。

第三节　大学生创新创业教育管理研究

一、创新创业教育概述

（一）创新的概念

"创新"这一词汇内涵极其丰富，涉及多个领域，如社会、经济、管理等。创新的根本含义主要有三个：第一个含义是更新；第二个含义是创造或引入新概念或事物；第三个含义是变革。著名的管理思想家德鲁克（Drucker）在《创新与企业家精神》中进一步阐述了熊彼特（Schumpeter）的创新观点，指出创新是一种使资源具备产生新财富能力的方式。

从本质上看，创新是只有人类具备的一种特殊的认识能力和实践能力，是人类主观能动性的一种高级阐释，是一个民族不断进步、一个国家不断发展的永恒动力。在21世纪，经济增长、社会发展都与创新有着直接或间接的联系，这导致创新的含义不断深化，甚至可以说，全人类的历史可以用一本充满创新、创造力和创造性思维的史书来概括。

（二）创业的概念

《辞海》中对于创业的定义是"创立基业"，凸显了创业的开创性和其过程中所包含的创新因素。郁义鸿、李志能等认为，创业是一个发现和捕捉机会并由此创造出新颖的、服务或实现其潜在价值的过程[1]。清华大学教授雷家骕认为，创业是创新的特殊形态[2]。

当前的学术界并没有对创业给出一个普遍认可的定义，但我们可以看到，创业的理解可以分为两部分，狭义上的创业特指创建新企业，而广义上的创业更多的是指创造新事物的整个过程。

（三）创新与创业的关系

创新为创业提供了基石和灵感，还在创业中起到核心和根本的作用，更重要的是它的价值也只有在创业中才能得以体现。而创业则为创新提供了实际的展现平台和最终的目标，同时是激发创新更进一步的核心动力。在某些时刻，创业的成功很大程度上依赖于创新的深度和广度，如果说创新是一个全新的"生产机制"，那么加入组织变量后就能得到新的产物——创业，两者在本质上是相通的。

（四）创新教育

从理念与思想的教育视角分析，创新教育与其他类型的教育基本相同，都是一种特殊的教育活动，只不过它的目的是提升人的创新素质和培养创新型人

---

[1] 郁义鸿,李志能,希斯瑞克.创业学[M].上海：复旦大学出版社,2000：9.

[2] 雷家骕.国内外创新创业教育发展分析[J].中国青年科技,2007（2）：26-29.

才，其中创新素质又包含创新意识、创新思维、创新精神、创造能力以及创新人格等。而从能力的视角分析，创新教育是为了让大学生不断创新而开展的教育活动，换言之，创新教育就是所有为了提升人创新素质和创新能力的教育活动的集合。

（五）创业教育

创业教育这一词汇源于英文表述"enterprise education"，最早由联合国教科文组织在1989年的一次国际教育趋势研讨会中提出。该研讨会强调，创业教育在宏观层面上是为了塑造有进取心的个体。杨爱杰认为，创业教育就是指培养学生创业意识、素质和创业技能的教育活动，以及教会学生适应社会生存、提高能力和自我创业的方法和途径❶。经济合作与发展组织的专家柯林·博尔（Colin Ball）在他的报告《学会关心：21世纪的教育圆桌会议报告》中指出，创业教育是关于培养和增强学生的创业基础素养和技巧，通过创业教育可以帮助他们拥有进行创业实践活动所需的知识、意志、技能和心理特质，创业教育是学术教育和职业教育之外的第三种教育。郭丽君等认为，创业教育包含三层目标：第一层是通过学习了解创业；第二层是通过学习成为具有创业品质、精神和能力的人；第三层是通过学习成为经营企业的创业家❷。

（六）创新教育与创业教育的关系

创新教育和创业教育的目标都是为了培养学生的创新和实践能力，但是创新教育侧重于提升人的全面素养，而创业教育的重点是关注如何实现个人的生命价值。

---

❶ 杨爱杰.大学生创业教育的实现途径探讨[J].科技创业月刊，2006（1）：73-74.

❷ 郭丽君，刘强，卢向阳.中外大学生创业教育政策的比较分析[J].高教探索，2008（1）：132-135.

（七）大学生创新创业教育

在教育实践过程中，创新与创业教育的重合之处大大超越了它们自身的特异性，从宏观角度讲，它们的目标是高度一致的。无论是从知行合一的角度出发，还是从学生作为行动主体的理念出发，创新教育与创业教育应当被视为一个统一整体，然后以整体的身份进行分析和研究，可以将其称为"创新创业教育"。

中南大学学生创新创业指导中心的杨芳主任在她的文章《创新创业教育方法》中提到，大学生创新创业教育是一种以创新、创造为核心，借助于课程教学与实践活动的有机结合，全方位地提升大学生的综合素质，使他们具备参与创新创业活动所需的意识、性格、知识、思维和技能的素质教育。这一理念的提出为素质教育提供了新的、真实的、具体的、有针对性的和可操作性的新内涵。

广义角度下的大学生创新创业教育指的是培养大学生创造新的宏伟事业能力的教学活动。而狭义视角下的创新创业教育指的是为大学生创造新的职业岗位的教学活动，是指引他们向主动就业、灵活就业以及自主创业方向前进的教育改革活动。

学者曹胜利和雷家骕在其《中国大学生创新创业教育发展报告》中强调，与传统教育模式相比，创新创业教育的核心价值在于培养学生的创新创业能力，这映射出社会和经济对人才知识、素质、能力结构的基本需求。它允许学生自主选择他们的未来，因此这一理念也成为高校教育教学改革的关键理念。在这个观念中，创新是核心，创业是外延，创新创业共同构建实践的桥梁，同时强调对事业心和创新能力的培养。

二、大学生创新创业教育的基本内容

（一）创新创业意识熏陶

创新创业意识指的是个人对创新创业活动自觉态度的表现形式，是一种能够激发并驱使创业者前行的心理倾向，是需求、动机和决心三大心理要素的有机融合。这些要素像水源、涌泉和利刃掌控着创业者的心态和行为。而创业意识是驱动创业者进行创新创业活动的核心动因。针对大学生开展创新创业意识教育主要是为了帮助大学生树立创新创业意识，其教育程度并不深。

（二）创新创业观念教育

创新创业观念是一种特殊的思想，是对创新创业的目标、意义和行为的深层次理解。对大学生进行创新创业观念教育的目的是帮助大学生调整、更新他们的创业观念，清除误导，并激励他们主动探索和思考未来的前进路径，并为实现这一目标不竭努力。换言之，通过对大学生进行创新创业观念教育指导他们改变自己是"精英中的精英"的自我评价，摒弃消极的"守株待兔"式的求职观念，确保他们不会因过于保守的教育理念与时代发展趋势以及人才需求脱节。

（三）创新创业素质提升

素质指的是人在学习后内化于心、融入骨髓的东西。大学生要走上创业的道路首先要展现出创业所需的素质和特性，如思想素质、心理素质、道德素质、身体素质等。其中，思想素质决定了创业者的努力方向；心理素质与创业者应对逆境的能力紧密相关；道德素质在非技术层决定创业的成功率；身体素质为创业者开展所有创业工作提供了基础保障。

（四）创新创业精神激励

创新创业精神指的是创业者在创新创业实践活动中所展现的各种精神品质，如冒险精神、进取精神、奋斗精神、承担精神和团队精神等。为了将大学生塑造为成功的创业者或潜在的创业者，最关键的一点就是使他们具备敢于探索、大胆创新的勇气，学会在创业中实现自我成长的能力。

（五）创新创业能力强化

从某种意义上讲，所谓的创新创业能力其实就是创新创业精神的外在表现形式，与一个人天生的特质、性情有一定的内在关系，但后天的教育和实践积累更重要。创新创业能力主要包括环境感知、自我认知和抓住机遇等创新创业认知能力，业务管理、技术应用、问题分析与解决、随机应变等专业能力，以及人际沟通和适应技巧等社交能力等。

（六）创新创业知识学习

阿基米德（Archimedes）曾宣称："给我一个支点，我就可以撬动整个地球。"而在创新创业的世界当中，知识就是那个支点。因此，如果创业者仅仅依靠热情和专业技能进行创业，创业道路必将面临诸多挑战，自然不容易成功。创新创业知识包括创业相关的政策、法律法规、专业理论、管理等方面的知识。

目前广受欢迎的"T"型知识结构，其中的"横"象征着知识的广度和高度，而"竖"代表知识的深度和力度。因此，大学生应当将成为"T"型人才作为自己的奋斗目标，以便于在未来的职业生涯或创业旅程中都能更好地适应各种情境，提高自己成功的可能性。

三、大学生创新创业教育的特点

（一）系统化

创造通常指的是开创新的开始，而创新关注的是对旧有事物的改良和二次创造，创业则是从想要将存在于自己脑海中的一个初步的设想、创意或概念经过系统的实践后转变为具体事业的过程。换言之，创业就是将创造与创新的过程系统化、行业化最终形成新事业的过程。因此，创新创业教育应系统化地融入教学过程当中。

（二）独立而完整

创新创业教育的理念可能在其他教育领域当中也存在，如素质教育、职业教育等，但它们包含的仅仅是创新创业教育的某些方面，而且是单独存在、不完整的，与创新创业教育没有可比性，甚至可以说，创新创业教育是这些教育中所包含元素的集合，是在以上教育的基础上进行的个性化教育，具有独立性和完整性。

（三）"学与做"相结合，知行统一

对于大学生来说，创新创业教育的核心是通过开展教育活动帮助他们掌握生活和工作技能，使他们能够在职场上成功实现理论与实践的融合，养成终身学习的理念和能力。因此，这种教育更注重实践经验，完全符合当前国际对高质量人才的迫切需求。

四、大学生创新创业教育的目标

创新创业教育作为一种有别于学术教育、职业教育的第三类教育正逐步成为全球教育发展的未来趋势，成为21世纪中国高等教育变革的核心和必经之路，最主要的原因是它所培养的人才能够满足社会经济的需求，能与全球发展步伐同行。大学生创新创业教育的培养目标主要包含以下几个方面。

（一）培养积极进取的大学生

大学生创新创业教育的主要目标是使大学生具备积极的心态，激励他们主动学习知识，主动适应社会环境，在面临困境时能够坚韧不拔，同时要着重培养他们的社会责任感，使其成为对社会有用的人才。

（二）培养具有事业心和开创能力并终身学习的大学生

大学生创新创业教育还要培养大学生的创业精神和冒险胆识等独属于企业家的特质，当然这并不意味着希望所有大学生都出去创业，他们只是希望加深大学生对创新创业的理解，养成终身学习的特殊理念，可以成为具有创新能力和创业能力的专业人才。因此，开展大学生创新创业教育对社会发展、经济繁荣和人类进步意义重大。

五、大学生创新创业教育管理创新的几个方向

（一）创新创业教育主体

1.提高专职教师的创新能力

在对大学生进行创新创业教育过程中，教师的角色是不可或缺的。他们不仅是创新创业教育进程的引领者、推动者，还是决定创新创业教育品质的核心要素，更重要的是大学生创新创业教育工作开展的重点和难点都与教师有关，如教师因创新能力不足或实践经验缺乏无法有效推进大学生创新创业教育活动的顺利进行等。作为高校教育的中坚力量，他们对大学生的启示、影响及培养是至关重要的，教师队伍的水平直接影响大学生创新创业教育工作的顺利开展。首先，教师是学校的灵魂，承担着为高校培养人才的重担；其次，教师不仅需要具备丰富的理论知识，还要具备丰富的创业经验，这些直接影响到创新创业教育的教学效果；最后，教师在教学过程中需要通过实际行动为大学生树立榜样，引导大学生全身心地投入教学当中，增强教学效果。

为充分发挥教师在创新创业教育中的关键作用，首要任务是提升他们的创新能力，组建一支专业化、素质化的专职教师队伍。一是高校需定期组织教师接受创业知识的培训，推动教师走进企业亲身参与创业实践活动，增长实践经验，并鼓励他们在教学时段挂职于企业。二是高校应为教师创造一个有利于

获取创业相关证书的环境，同时提升教师的创新能力，丰富教师的教学手段。具体来讲，第一，为了更有效地吸引大学生的注意，教师需要在课堂上采用多样化的教学方法，调动大学生的积极性，并充分挖掘他们自主学习的能力。第二，为了满足所有大学生个性化发展的需求，教师需要尊重并根据每个大学生的个性特点采用最恰当的教学方法，同时适当调整教学内容，做到因材施教。第三，为了提升大学生的适应性和市场竞争力，保证其成为符合社会需求的人才，教师应及时调整创新创业课程目标，确保课程内容与实际需求相结合，并避免过度理论化。第四，为了形成创新的校园文化氛围，培养大学生独立思考和选择的能力，教师应调整课程设置，增加培养其责任心的课程，确保他们拥有更强的自主权和选择权。

2.注重兼职教师的培训和筛选

高校内部的许多教师虽然负责主导创新创业教育工作的开展，但实际的创业经验并不丰富，所以聘用兼职教师对于大学生创新创业教育至关重要。这些兼职教师能够为学生提供独特的教育课程和定期的专题讲座，确保他们接触到最前沿的创业知识，积累创业经验。尽管许多学校确实希望招募更多这样的教师，但由于预算限制，其数量仍然较少。因此，学校教师与这些兼职教师之间的合作和交流变得尤其重要。

美国的教师团队一般都包含专职教师和兼职教师，其中专职教师具有丰富的理论知识，而兼职教师拥有丰富的实践经验，还能以真实的创业案例进行详细的分析，增强大学生对创业的理解，更重要的是可以为大学生提供到企业实践的机会。例如，百森商学院的专职教师主要负责讲解创业知识，聘用了银行家、投资者和政府官员作为学院的兼职教师，保证大学生全面了解创业的社会需求和要求。

为了进一步强化创新创业教育，学校可以组建"教师创业团"，主要成员包括各行各业的杰出人士、职业经理人、企业家等。创业团的成员都可作为高校兼职教师为大学生提供指导。第一，兼职教师可以分享他们的创业经验，可以是成功经验，也可以是失败经验，讲解创业的各个环节、所需的手续等，丰富大学生的创业知识，方便其在创业道路上稳步前进。第二，兼职教师可以通过创业讲座、在线沟通、现场指导等多种方式为大学生提供指导意见，点燃他们的创业激情，增加其创业动力。

（二）创新创业教育资源

1.充分挖掘校内创新创业教育资源

校内资源指的是高等院校为服务大学生提供的内部资源，为确保大学生创新创业教育工作顺利开展，教师需要充分发挥和利用高校的校内资源。

（1）高校实验室应对外开放。高校应允许或组织大学生进入实验室，这样做不仅可以激发他们的创业兴趣，还能为他们提供一个自主探索和实践的平台。开放的实验室能够成为一个吸引那些有创业激情的大学生的中心，大学生可以在实验室内学习或发掘创新创业项目，为大学生在未来创业奠定基础。此外，实验室是高校资源，不仅能增强大学生的实践能力，还能培养他们的团队合作精神，这在未来的创业中是至关重要的。

（2）高校还应考虑建立校内创业孵化基地。孵化基地的建设可以利用学校现有的设施和空间，为大学生参与实践活动提供必要的场所，而且可以让大学生在空余时间进行创业尝试。

（3）高校还可以开设创新创业教育第二课堂。这样做可以有效补充常规课程教育即第一课堂所不能覆盖的领域，为大学生提供更多与创业相关的实践机会。高校通过组织创业竞赛等活动实现第二课堂和第一课堂的有机融合，培养大学生的基本技能和综合素养，同时鼓励学生根据自己的兴趣参加相应的活动，更深入地了解创业知识并应用到实践当中。

2.有效拓展校外创新创业教育资源

（1）努力加入校外创业孵化器。创业孵化器是为初创企业提供必要的资金、工具和办公空间的企业。

第一，创业孵化器应尽可能地保持大学生的创业热情，与学校展开合作，让学校帮忙宣传推广，同时构建并完善扶植项目的管理和保障制度，以确保孵化项目成功发展。

第二，在确保孵化器拥有所有必需的硬件设施的同时，还需注意配套的软件服务，如配备经验丰富的指导团队，确保孵化项目得到全方位的指导和帮助。

（2）构筑校企合作桥梁。校企合作对于大学生创新创业教育至关重要。驱动创新的核心是人才，有了人才才能实现企业发展。因此，应进一步鼓励大型公司、资深研究机构与高校和青年人一起创建专门的共创空间，帮助年轻的创业者更快速地将他们的构想转化为现实。

第一，增强工程实践的培训。工科学校和企业应密切合作，政府可以通过提供纳税减免政策等措施来鼓励这种合作。

第二，加强校外教育教学基地的建设并深化产、学、研合作。学校各行业、企业和事业部门展开合作，共同培育人才，创建全新的人才培养模式，增强大学生创新创业能力，为大学生创新创业教育提供支撑。例如，推广"走进社会"活动，促使学校与其他学校以及企事业单位的紧密协作。

（三）创新创业教育课程体系

1.重视创新创业教育实践课程

实践课程强调的是大学生的实践能力，旨在进一步巩固他们的创业理论基础，其核心目标是让大学生在实践中运用理论知识，进而加强大学生在创业过程中的具体执行力。创新创业教育实践课程有助于开发大学生的创业天赋、点燃他们的创业激情、增强他们的创业能力。大学生创新创业教育实践课程主要包含以下几个方面。

第一，通过具备各种各样的活动培养大学生的创业意识和能力。学校可以开设互动性强的创业课程和专题讲座，安排大学生与行业领军人物面对面交流，让这些成功的企业家与大学生分享宝贵的经验。此外，学校还需集合多方资源构建创业见习中心，构建完整的创新创业实践平台，完善服务体系。学校还应灵活调整实践活动的日程安排，为大学生提供具体的创业咨询服务，以满足他们的实际需求。

第二，建设实践基地。实践基地应向大学生提供多元化的课程选择，因为参与者的个人情况和专业各不相同，难以统一授课时间。另外，学校在实践基地开展实践活动时需采用开放式的教育模式，鼓励大学生主动参与，充分发挥其主观能动性。

第三，加大力度促使大学生在寒暑假期间积极参与社会实践和社会调研活动。大学生参与实践活动不仅仅是为了完成任务，更重要的是真实体验和学习。通过这些实践活动，大学生能更全面地了解创业的各个方面，使综合素质得到提高，从而在实际操作中受益并为社会做出贡献。

2.增加创新创业教育网络课程

"互联网+"的出现和应用为我国传统行业转型带来了全新的动力，它对产业的数字化、网络化和智能化发展起到了积极的推动作用，而且这恰恰是中国制造2025战略的核心目标。在我国努力实现经济结构优化、构筑创新驱动发展模式的关键时刻，高校必须坚定地遵循党和国家对于当前大学生创新创业教育的指导方针，不断创新，培育出更多为国家复兴做出贡献的杰出人才。

随着互联网+的快速崛起，我们已经步入信息时代，人们之间的互动和沟通变得更加简单和便捷。微信、微博、QQ等社交平台为大学生的生活带来了全新的体验，让他们即使身处宿舍也能探索这五彩斑斓的世界。因此，高校应把握这一趋势，整合网络资源，跳出传统框架，引入网络教学，使课堂教学更生动、更吸引人、更有意义。

网络教程的内容与传统课堂教学的理论是相辅相成的。例如，我们在课堂教学中讲解某成功人士时，可以鼓励大学生在网络上寻找资料，充分利用新媒体工具，在线了解该成功人士的创业经验，实现创业教育效果最大化。创新创业教育的目标受众是有强烈学习动机的大学生，他们是创新创业教育的受益者，因此应积极培养其创新协作精神，有选择地使用互联网，借助在线课程学习增强其创新能力。与此同时，高校应基于现有的网络资源和校园网络环境搭建专门的教育系统，实现载体创新。

借助新媒体技术和现代教学方法，将最前沿的创新创业实例转化为教学内容，邀请业内权威的专家为大学生提供在线指导，通过实时互动、在线讨论等方式，将大学生关心的话题变为触手可及的资源。同时，充分利用社交媒体平台如微博、微信等，适应快速的互联网时代节奏，充分发挥其潜在的引导作用。

无论是实践课程还是网络课程，完善课程体系都是大学生创新创业教育改进的中心。在整个教育过程中，课程与教学是人才培养、创新创业教育的基石。因此，创新创业教育任重道远，构建科学合理的课程体系是开展创新创业教育的基础工程。

（四）创新创业教育模式

创新创业教育模式的科学设计可以推动大学生创新创业教育发展，而教育模式的完善程度直接影响着教育效果。我国可以构建阶梯式的创新创业教育模式。在创业课程内容的设计中，不同年级的大学生的侧重点都不相同，整体课程设置需要保持连贯，每个发展阶段都应设定明确的学习目标。依据大学生所处年级的不同可以设置对应的创新创业阶段，层层递进，系统而有序地进行创新创业教育。我们可以将创新创业教育划分为三个阶段：第一阶段是普及阶段，进行知识层面的教育；第二阶段是提升阶段，进行能力方面的教育；第三阶段是转化阶段，进行素质层面的教育。

1.普及阶段进行知识层面的教育

对于那些刚进入大学的新生，他们对自身的未来规划尚未完全明确，因此对这些大一学生提供基础的创业知识普及就显得尤其关键，这一阶段的创新创业课程应优先为大一新生提供基础性的知识教育。

（1）为新入学的大学生提供的创新创业教育要着重于介绍创业的基本知识，引导他们树立正确的就业观与创业观，从大一学期就开始对大学生进行针对性的职业生涯规划指导，鼓励他们思考未来的职业发展路径，并对自己未来四年的大学生活进行初步规划。

（2）培养大一新生的创新精神和创业意识，改变其创业观念。具体来讲，高校需要让他们认识到当前大学生毕业后要面对巨大的就业挑战，以及在当前就业形式无比严峻的背景下创业蕴含的巨大价值和现实意义，同时让他们了解如何进行自我认知、自我定位，如何捕捉到职业生涯中的机会，意识到创业不仅能解决他们的个人就业问题，还是顺应国家发展趋势的最佳选择。

（3）大一学生正处于对新知识和新领域探索的阶段，因此帮助他们更好地适应大学生活，培养他们的独立性，锻炼其适应能力至关重要。例如，可以组织大四年级的毕业生与大一新生面对面交流，分享个人经历、学习经验、生活经验等，消除大一新生可能存在的迷茫，明确其未来职业目标和发展路径，对自己四年的大学生活做出更详细的规划。

（4）学校应邀请职业规划师为大一新生提供指导，帮助他们规划未来，构建未来职业发展蓝图，同时安排创业成功的校友分享他们的创业经验。在组织此类活动时，除了内容深度，也应注重活动形式的多样性和新颖性。通过这样的方式，大一学生可以找到自己的成长方向，并有机会模仿成功的前辈，为未来设定明确的目标。总的来说，大一阶段创新创业教育的主要目标是转变新生的就业观念，培养他们的创新意识与创业能力。

2.提升阶段进行能力层面的教育

对大二学生而言，经过一年的知识学习，他们对自己和未来的职业规划有了基本的认识。因此，创新创业教育课程应具有针对性和目的性，对于已有创业想法的大学生应继续加强创新创业教育，对于那些还未考虑创业的大学生应引导他们认识到创业的潜力和价值。为了确保大学生在创新创业教育课程的学习中提升自己的能力、实现成长，创新创业教育的关键是针对大二学生的实践能力和沟通能力等进行重点培养。

大学生的实践能力是创新创业教育关注的重点。

（1）学校可以举办各种行业交流会，邀请不同行业领域的毕业生回校与在校生分享他们的创业经验和行业趋势，增长其知识，消除其疑虑。

（2）学校可以根据大学生的专业特点为其提供各类实习机会，使大学生能在暑假或寒假期间进行实地学习。同时，毕业生可以邀请大二学生到他们的工作场所参观，了解实际的工作环境和工作内容。通过这样的实习和实地参观，大二学生对就业创业的认识会更深。

创新创业教育不仅要注重提升大学生的实践能力，还要锻炼他们的沟通能力。所谓沟通能力就是人与人之间进行交流、沟通的技巧，大学生在毕业后无论是就业还是创业都离不开与人交流，沟通能力至关重要，尤其是口头沟通的能力。第一，学校可以举办一系列与口才锻炼有关的活动，如小组讨论赛、辩论赛或是公开演讲赛等。第二，学校还需要提升大学生对沟通能力的认知，了解其蕴含的巨大价值，同时引导他们掌握提升沟通能力的技巧，通过反复的练习，提升自己的沟通能力。此外，大学生在参加活动和练习过程中不仅增强了口头表达的能力，还在一定程度上提高了逻辑推理、综合归纳的能力。

3.转化阶段进行素质层面的教育

对于即将进入职场或考虑创业的大三和大四学生，创新创业教育的重点应放在素质层面的教育上，特别是心理素质的教育。因此，对于大三和大四的学生而言，创新创业教育重点是健全大学生的创业心理素质，实现心理转化。

在创新创业教育课程中，针对大三学生的教育核心在于塑造并完善其创业心理，具体内容涵盖了提升大学生自主决策的能力，培养大学生敢于拼搏的精神，增强大学生承受压力的能力，鼓励大学生形成坚持不懈的精神等。课程内容也应深入探讨创业的深层含义、背后的动因，以及成功创业者的成长经验分享等，确保大学生对创业所需要的核心技能和素质有充分的了解。

大三是大学生为未来创业或职业生涯铺设基石的关键时期，是为设定职业目标和探索就业机会的黄金时段。因此，此阶段的创新创业教育课程应聚焦于创业相关政策、法律法规的讲解。而对于即将走入职场的大四学生，创新创业教育课程应重视提升他们的实践能力和创业能力，尤其是个人能力的进一步提升。此外，学校还应为大四学生提供到企业实习的机会，使他们充分发挥自己的优势，在校企合作、产研合作的企业中做一些与自己专业相关的延伸和探索。

对于有志于走上创业之路的大学生，心理素质和抗压能力至关重要，因此大三时期的创新创业教育课程应重点培养大学生的理性思维，同时帮助其正确分析自身的优势和劣势，主动抓住机遇，坦然面对失败。大学生应知道，恐惧失败、回避竞争或缺乏坚韧的持续努力，只会使创业之路变得更加艰难，与成功的距离也会越拉越远。因此，创新创业教育不仅要教学生如何面对挫折，还要教他们从失败中寻找教训，坦然面对自己的不足，重新定位，找到人生新的方向，并朝着新的目标奋勇前进，实现自己的人生价值。

第七章

大学生管理工作的创新

第一节　柔性管理理念在大学生管理工作中的应用

一、柔性管理的思想渊源、内涵与特征

（一）柔性管理的思想渊源与发展

"柔性"一词最早指代的是出现在物理领域，表示物质的一种特性，后来随着社会发展，也被应用在社会领域，如在评价人的思想、行为和性格等，现代汉语大词典中对"柔性"的定义是柔韧、灵活、能够通融和适应新环境的特性。此处将"柔性"与管理学科结合在一起，得出"柔性管理"一词，它指的是管理者在变革中的灵活适应力。柔性管理是当代企业治理中的新范式，核心在于更人性化的对待，被众多学者誉为管理学领域的"变革之风"。

提到"柔性管理"就不得不提起"刚性管理"，两者的对立关系，甚至可以说前者是以后者为参照经过修正衍生出的新模式，最早应用在企业管理当中。20世纪初，泰勒提出的管理理念被当时的所有企业接纳和应用，这就是"刚性管理"的雏形。"柔性管理"与"刚性管理"两种方法在管理思想上存在明显的差异。现代的"柔性管理"思想有深远的文化背景，在东方文化和西方文化中都能发现其踪迹。

中国文化中蕴含的许多思想都与柔性管理思想存在极大相似性。例如，柔性管理中的"以人为本"就与我国古代的"民为邦本"思想高度契合。孟子早在2000多年前社会主流思想还是"王权至上"时就提出了"水能载舟，亦能覆舟"以及"民为贵，君为轻"等观点。这些古老的思想智慧对今天的柔性管理

仍具有深厚的影响，会对其思想有一定的启发作用。柔性管理模式强调以人为中心，以激发被管理者的积极性和主动性为核心，这样才能让管理者认识到每个被管理者对组织的重要价值。此外，孔子也提出过关于人性的"性相近也，习相远也"的观点，对现代柔性管理理念提供了宝贵的启示，强调要激发人内心存在的向善本性和意愿。管理理论的核心在于对人性的理解。柔性管理理念认为人性天生就是向善的，这种观点与孟子的"人性本善"理念高度重合。管理的核心目标是安定人心，这与孔子的以民为本的理念颇有相似之处。显然，这种思想明确表示只有管理者以身作则、成为模范才能实现真正的人心安定、和谐。因此，在现代柔性管理过程当中，管理者同样应以身作则，树立被人赞誉的正面形象，然后以其自身优良的道德操守和人格品行开展管理行为。自我约束是柔性管理顺利实施的先决条件，强调通过道德教育来培养人树立正确的价值观，然后用自己的荣誉和羞愧来约束自身。古代中国的治理就曾有主张德行为先、律法为辅的理念。孔子也曾大力倡导"中庸之道"和"过犹不及"，以及"人有不为也，而后可以有为"等都揭示了柔性管理的管理方法，体现了管理目标的灵活性。实现社会和谐、人际关系和谐、生活环境和谐的同时要谨记坚守原则，在实现管理目标的同时要记得孔子的名言："君子和而不同，小人同而不和。"此外，柔性管理还蕴含了"和"与"安"之道。因此，在组织中，个体需要保持其独特性，但和谐的人际关系同样重要，这也是现代柔性管理理念的关键所在。当代柔性管理模式虽然想要实现资源的充分利用，却也不会超过限度。从这些观点可以看出，许多现代柔性管理的理念早在中国深厚的文化传统中已有涉猎。

随着现代科技的快速进步，我们见证了劳动效率的飞速提高和社会经济的急剧增长，在这种增长的背后凸显的是产品中知识和创新的价值占据了更大的份额，与此同时，人作为基本的生产要素在整个生产过程中的重要性日益增强。企业的兴旺与成长，更多地依赖于能否激发和调动员工的积极性、主动性和创造性。现代柔性管理理论基于上述背景渐渐地将人这一个体从仅作为"经济个体"转变为"社会个体"，再到"多元化的个体"和"追求自我实现的个体",在这个过程中,"人性善"观点逐渐成为核心理念。这使越来越多的管理者在开展管理工作过程中也更倾向于认可并运用"以人为本"的哲学思想。

自20世纪80年代起,产业结构进行了重大调整,社会经济的快速增长改变了人们的劳动模式和职业分布,员工不再满足于被动地接受命令,而是越来越追求在组织中平等、民主地发声。人们的价值取向也发生了转变,寻求的不仅仅是经济回报。在这种趋势下,人本主义管理思想逐步被接受,并在企业管理实践中得到了广泛应用。

(二)柔性管理的内涵

柔性管理理论最早出现在20世纪50年代现代管理科学理论当中,是作为"行为科学"派别强调的人本理念的进一步深化,属于欧美的经济管理科学研究领域的先进观念。我国的人力资源学专家郑其绪博士在《柔性管理》中详细描述了柔性管理的核心理念,并提出明确定义:"柔性管理是指根据人们的心理和行为规律的研究成果,通过非强制的方法,潜移默化地说服人们的内心,让组织意志自然而然地成为个体的自觉行为。"

按照柔性管理理念,人在管理活动中担任着至关重要的角色,既是管理活动的施行者,又是管理活动的受益者;既是管理行为的起点,又是管理行为的落点。柔性管理方式讲求尊重人的本性和行为习惯,通过释放人的天性、确保人权、精神激励等人性化的管理方法,激发个体蕴含的隐藏能量、积极态度和创造潜质。在教育领域,特别是大学教育,柔性管理旨在培养大学生的自我管理和自律意识。

因此,柔性管理的本质其实就是主张用"柔""软"的方法来行事,原则要"柔",行为要"软",遵循人的内在心理及行为规律。在实施柔性管理的过程中,期望通过简单制定几项规矩或规章制度就能达到管理目的是不切实际的,它并不强调严格遵循、严厉施行,而是要顺其自然、自我驱动。柔性管理相较刚性管理更倾向于作用于人的情感和需求,所以也被誉为"人性化"的管理方式。

谈及柔性管理与刚性管理对比时，柔性管理的精髓在于顺应人性和规律，采用非强制的管理手段，不施加任何强大的外部压力对其进行约束，而是尝试触动个体的情感，使组织的目标与个体意愿相契合，促使其主动完成目标。柔性管理始终保持对人的心理和行为的理解和尊重，试图激发人的内在潜力、创新精神，促使人发挥主观能动性，彰显人的价值和尊严，满足其社会需求、心理需求及价值追求，最终实现人的自觉行动。

为了更好地了解柔性管理，现将柔性管理和刚性管理进行对比，具体对比内容见表7-1。

表7-1 柔性管理与刚性管理

柔性管理	刚性管理
以东方古代哲学为源头	以西方近现代理论为来源
以右脑（情感脑）为主的思维模式	以左脑（理智脑）为主的思维模式
文明形态的特点是人文和伦理	文明形态的特点是科学
管理方式为指导性，以人为指向，不确定性，因果关系复杂	管理方式为指令性，以物为指向，确定性，因果关系简单
内在管理模式（如关心、激发、说服、交流等）	外在管理模式（如政策、法律、制度、规章、合同、公约等）
静态、非具体化的力量，潜在功能	动态、具体化的力量，实化功能
强调群体参与性、责任感与协作精神	注重个人行为
关注生活质量	关注物质生活，注重物质利益
理解科学技术不是万能的，应用上有所控制	过分依赖科学技术，应用广泛
理解发展的限制性，节约和保护资源，寻求与自然和谐共存，实现可持续发展	尽力开发资源，努力控制自然，谋求增长

柔性管理模式是在社会不断进化、文明不断发展的基础上诞生的。这种新的管理方法继承了传统管理的精髓，避免了其固有不足，体现了中西方管理理念的结合，能够激发人的全部管理潜能。相较于传统的刚性管理，柔性管理

深入挖掘了人性中的柔性资源。它不仅揭示了当代管理活动的核心，而且对现代管理思维与方法有更深层的理解，全方位研究了管理实践的文化、道德及其他柔性元素。柔性管理主张突出管理活动中的人性关怀，应用的是以伦理为导向的管理模式。相对于那些仅侧重于效率和效益的传统企业文化，柔性管理更具优势。传统的企业文化常常被纳入刚性管理的框架内，强调功利性；而柔性管理则突出价值观念，限制纯工具性的追求，更加关注企业文化的独特性，成为适应人类综合发展需求的独特管理形式。它的核心思想是伦理精神，遵循"柔"的原则，强调尊重、了解和关怀人，维护社会秩序，营造一个自由和谐的环境。其实践理念是反对将人作为工具，提倡将物质资源作为服务人的手段。柔性管理源自管理伦理和企业文化，并在实践中不断壮大，展现出无可匹敌的巨大影响力、价值和魅力。

（三）柔性管理的特征

1.主体性、感情性

在管理活动中，无论是管理者还是被管理者都是人，这意味着管理的核心与其动力均源于人的参与。为了保持对人的尊重和理解，营造一个和谐的管理氛围，管理者需要挖掘每位参与者的潜能和积极性。在柔性管理理论的指导下，高校教育管理必须打破传统的以管理者和管理制度为核心的管理模式，放弃传统强制式的刚性管理方式。只有这样才能保证高校管理者能够更好地与学生达成共鸣，关注他们的自由、尊重和幸福感，真正实践"以人为本"的管理理念。

人的行为并不仅受理性因素的驱使，许多时候是由深层的心理和社会需求所决定的，这使感情成为评价个体需求是否得到满足的重要指标。而高校教育管理主要是对人的管理，感情与理性并存的人就成为管理的焦点，鉴于人具备双重属性，而情感往往又在左右人的思维，所以在高校教育管理中引入柔性管理理念刻不容缓。柔性管理强调尊重、关心和呵护每一位大学生，旨在将大学生从单纯的受管理对象转化为积极参与管理的管理者，从而实现管理的真正目的。

2.差异性

对大学生而言，他们正处于关键的发展时期，每位大学生都拥有独特的个性特点、成长背景、社会经验以及心理状态，这种多样性意味着管理者需要应用多种管理方法以确保适合所有大学生的独特个性和心理，同时根据他们所处的不同成长阶段的环境、心理及行为特征适当调整管理内容。为确保管理工作顺利展开，管理者除了要充分理解大学生的思维和心理变化以及其实际需求，还要考虑到他们之间的个性特点、文化素质和道德观念的差别，确保管理方法既有针对性又有灵活性，避免了管理活动的单一和刻板。

3.内化性、多样性

大学生在认识事物时需要经历一个极复杂的过程，此过程综合了认知、情感、思维和行为多个因素的动态演进，从感性的角度转向理性思考，从社会认识过渡到人文认识，最终实现个人行为。因此，有别于传统管理的柔性管理更强调管理的内化，它鼓励通过引导、教育和激励的方式激发大学生的内在动力，从而实现高校教育管理的目标。当代大学生基本都是"00后"，他们充满个性和追求自我，传统的刚性管理可能仅仅在表面上达到了预期效果，但由于其强制性质，大学生们可能无法真心接受，不会积极主动地去执行。如果大学生表面上遵循但内心反感，管理效果必然大打折扣。而柔性管理提供了多种管理方法，如给予关心、文化感染、制度引导等。当然，为了确保管理效果，适时采取一些规范措施也是必要的，确保大学生将管理视为他们富有意义生活的一个组成部分。

4.灵活性、创新性

在高校教育管理中，大学生是管理的核心对象，他们的思想与认知并不固定，而是会因不断地接触社会发生变化。如果管理者应用柔性管理方法，可以针对大学生的个性化特点和思想变化趋势来适当调整管理方式，确保管理不仅具有动态性、灵活性、弹性，还能顺应社会环境和大学生思想的变化。在这种管理模式下，高校教育管理避免了对传统教育观念的过度依赖，实现了管理体制的不断探索与创新，同时使大学生具备了的创新精神、良好心态和超强的适应能力，使其更好地应对社会的挑战。

5.自由性、接纳性

每位大学生都有独特的性格、生活背景、社会经验和文化修养以及经济条件，柔性管理理念恰恰捕捉到了这种个性化和多样性，可以为大学生的成长和发展提供更加开放和有弹性的成长空间，充分发展、张扬、展现他们的个性。在柔性管理的环境中，教师与大学生之间可以形成一个基于相互尊重和关心的合作关系、互动关系，通过互动有助于打破双方的心理屏障。大学生之间的相互支持和关心使他们具备了形成共同目标和信念的基础，这种共同目标和信念形成的合力对他们的个人发展和群体的共同进步都具有积极意义。

二、大学生柔性管理的目标

（一）培养具有较高文化素质的大学生

随着经济的发展和繁荣，知识经济也逐渐深化，为国家和社会的进步提供新鲜血液就变得至关重要，最具活力的血液就是创新型人才。高校是高级人才的培育温床，必须与时俱进，重视知识经济发展，加大对创新人才的培养力度。现阶段，我国高校的人才培养策略应从文化素质教育的角度出发，探索文化教育与创新型人才之间的联系，根据文化素质教育的目的、内容、功能、特征完善创新型人才的智能结构、创新思维和人格品质，寻找培育创新型人才的关键要素，并强调构建有利于创新型人才培养的外部环境。因此，大学生柔性管理的核心目标之一是培养文化素质较高的大学生。

（二）培养具有过硬政治素质的大学生

大学生在社会主义民主政治建设过程中扮演着关键的角色，他们的政治素质对国家民主政治建设有直接影响。因此，提升当代大学生的整体政治素质水平至关重要。想要培养出具有较高的政治素质的大学生，政治社会化必不可少，它是大学生培养的理论基础和实践价值。共青团在推进大学生政治社会化方面的作用不容忽视。政治社会化可以视为一种教育过程，是大学生通过学习了解、掌握并内化政治知识、政治文化、政治技能，进一步塑造他们的政治身份，实现社会政治化的传播、维持和创新的过程。随着这一过程的深化，大学生们会逐渐吸纳主流的政治文化，学习政治知识，逐步形成与社会要求相符合的政治技能与政治观念，从而达成积累政治经验的目的。因此，大学生应不断努力提高自身政治素质，从而成为一个合格的政治人，以更好地适应其在政治舞台上的角色。

（三）培养具有强烈创新意识的大学生

在当今经济全球化和国际竞争日益激烈的背景下，科技创新已成为推动国家发展的核心力量。实现科技创新，最关键的是创新型人才，而培养这些人才最主要的工具是教育。因此，高校如今面临的首要任务就是培养具备创新意识和创新能力的大学生。众所周知，人的言行举止都受其思想意识控制，因此只有人具备了创新意识，才能做出创新行为。创新意识也可称为创新精神，指的是个体在主观层面上追求通过改进现有事物来创造新事物的思维和愿景，它不仅涵盖了对新事物的大胆设想和独到见解，还包括对目前状况的不满和对新领域的探索欲望。因此，为了更好地培养和开发大学生的创新意识，需要进一步强化他们对创新意识价值的认识。显然，强化高校大学生创新意识的培养对于推进我国高等教育事业和国家长远发展至关重要。

（四）培养具有与时代发展相符合的大学生

进入21世纪后，我们看到科技发展成果与商业、产业之间的联系变得越发紧密，科学成果更快地转化为生产力，推动社会经济繁荣发展。中国加入WTO后，不仅能够直接接触到全球最前沿的技术和信息，还能在一个更大范围、更高层次的市场上与他国竞争，这对于处于改革阶段的中国来讲既是挑战也是机会。众所周知，科学技术是第一生产力，因此科技的进步对经济发展起决定性作用。这意味着高校在培养大学生时，不仅要注重其创新能力和创业精神，还要确保他们能够满足这个时代的需求，为中华民族的伟大复兴贡献力量。

三、大学生柔性管理的原则

（一）始终坚持以学生为本的原则

传统的刚性管理以优化工作流程、提高工作效率为目的，管理模式通常为纵向的中央集权式管理，这种模式最显著的缺点在于过于规范化、强制化的管理方式会导致被管理者感到自身被控制，落差较大。而柔性管理坚持"以人为本"，更加注重制度与个人行为之间的和谐，鼓励被管理者淡化制度，并将外部的规范转化为内在的驱动力，自主接受管理。在高校教育管理工作开展过程中应用柔性管理意味着要遵循以学生为中心的原则，将管理与高校的文化、精神、价值观紧密结合，以更加人性化的方式来管理大学生，更重要的是要深入研究学生的思想和行为，通过采用非强制的方法，激发大学生的内在说服力，将社会和家庭的殷切期盼转变为大学生自我管理的动力。为了增强柔性管理的效果，大学生需要深入理解并认同柔性管理的理念，同时在高校的引导下明确自身的目标，完成自我行为设计，这不仅是教育者的期望，也是大学生成长的必要过程。

（二）心理重于物理，内在重于外在的原则

在大学生管理工作中，柔性管理更倾向于对大学生进行心理管理，而非传统的通过制度和纪律来规范行为的物理管理。传统的大学生管理，学校通常依赖强制性的规章制度来开展管理工作，这种管理方式可以被视为一种外部约束，虽然可以在一定程度上控制大学生的行为，但缺乏长远的影响，具有一定的局限性；而心理管理着重于刺激大学生的主观意识，使他们清楚管理的重要性，从心底理解并主动遵守学校的规章制度。

在探索大学生行为管理模式时，研究者们普遍将其划分为外部管理和内部

管理两个方面。所谓外部管理，其实不仅仅局限于前述的物理控制，它更广泛地涵盖了对大学生行为的各种外在约束，其中学校的纪律和规定最典型。为了有效地约束大学生行为，众多高校形成了一套专门针对大学生的制度体系。然而，这种基于强制方法的管理往往只在表面起作用，真正的效果十分有限。因此，研究者们开始转向另一种方法，即内部管理。这种管理方法旨在促使学生内化规则，让其从内心真正接受并执行高校提出的管理要求。高校常用内在管理方式五花八门，其中激励机制尤其有效。通过适当的激励，大学生能够形成自我管理意识，养成自律和自主管理的习惯。相对于外在管理，内在管理效果更持久，能够更有效地实现大学生的管理目标，进而推进学校的整体管理工作。

（三）个体重于群体的原则

人作为具有思考能力的生物会因为生活背景、社会经历不同塑造出完全不同的性格，形成完全不同的人生观、价值观。因此，在对待每个人时都应细致入微，而非一刀切。尤其是现在的大学生，他们来自全国各地，拥有不同的文化背景，个性和观念的差异更明显，而且他们的感受更细腻，因此更加需要得到有针对性的关注。我们在开展管理工作的过程中，需要对每个人表示理解和尊重。通常情况下，矛盾往往源于不同个体之间的观念差异，只有妥善处理这些差异，才能构建和谐的团队环境，进而推动整个团队的进步。

（四）执教重于执纪，身教重于言教的原则

当前的大学环境广泛实施了三大自主原则：自我教育、自我管理和自我服务，这正是柔性管理理念的重要体现。柔性管理工作的开展立足于教育，但深入理解大学生的内心世界并非易事，为了深入他们的内心、掌握其内心想法进而引导他们完成精神转换和行为控制，我们需要更细致和持续的努力。一个人的心态只能由其自己来改变，而思想的转变只需通过逐步地引导实现，要知道，人的行为始终受到思想的主导，且能将内心的想法完整地展现出来。这样可以从更深层次培养大学生的内心情感，强化他们的意志，改变他们的行为，

实现知、情、意、行的完美融合。因此，执教就显得尤其重要，其方法多样，可以是公开指导，也可以是私下谈心，还可以树立榜样、言传身教、公开宣导等。这意味着管理者应该充满责任心，持有耐心、爱心、细心、关心四种情怀，启发大学生自主的遵循要求，而不仅仅是依靠纪律约束，单纯依靠纪律根本无法真正改变大学生的思想，自然也不易于培养他们的内心情感。

在开展大学生教育工作的过程中，言教使用的人数最多，但最有影响力的还是身教。言教虽然能随时随地进行，也能利用行为引导和理论说服的方式实现目的，但这种启发式的方法只能带来初级的教育成果。在柔性管理过程中，以身作则的重要性不容忽视，可以说，身教的影响超越了其他所有教育方法。为了真正的影响学生，教师必须爱学生，对学生的成才报以殷切的期望，这不只是其专业教学能力的体现，也是其高尚师德的体现，具体包括爱岗敬业、约束自我、态度乐观、亲近学生等。这样学生才可能真正地尊敬、相信他们的教师，从某种角度看，这才算登上教育的巅峰。

四、大学生柔性管理的必要性与现实可行性

（一）大学生柔性管理的必要性

1.高等教育大众化呼唤柔性管理

为适应国内经济发展、社会发展、人文发展的多元化需求，国家大力推进高等教育大众化，而且高等教育发展是我国科技兴国战略的核心内容。但是，随着高等教育的发展和普及，我国大学生的整体素质、需求和价值观都受其影响不得不面临新的考验，主要表现有以下两种。

（1）高等教育大众化进程稳步推进，改变了其原始的培养目标，它不仅致力于培养社会精英，还需要满足大众的需求。这使进入高等教育的门槛不再严格，为各种背景、年龄段的人们提供了更大的选择自由，导致我国高等教育更加丰富和多样。

（2）由于高等教育的收费制度，大学生在接受高等教育的过程中不断增强主

体意识，个性化需求越发凸显。在这种情境下的大学生可以视为高等教育的消费者、投资者，他们与学校之间是平等的伙伴关系。高等教育的目标是实现共同的理想和追求，这要求所有大学生必须学习理论知识。将柔性管理模式融入大学生的日常管理活动是适应高等教育大众化发展的必然选择，也可以满足现代教育的多元化需求。

2.推进素质教育的发展需要柔性管理

素质教育对当代大学生有重要作用，能使其实现全面发展，如今的高等教育十分重视素质教育。因此在分析素质教育时必须从以下两个方面着手。

（1）素质教育是一种自由化的发展教育，注重全面提升大学生的能力。教育的核心目标是培养具备全面素质的人才，以期他们将来能为社会进步贡献力量。从某种程度上说，人的全面成长反映了个体在接受教育过程中的独立性和实践性。而对于教育的本质而言，它着重强调了教育能提升人的各种素质。因此，全面发展不仅包括丰富大学生的知识储备，还包括教授他们在日常生活中需要遵循的基本原则，为他们未来融入社会奠定坚实的基础。当大学生明白如何学习以及如何提高自己的综合素质时，素质教育便可为其提供有效的指导和帮助。

（2）素质教育能够推动大学生个性化发展。传统教育常常忽视个性化教育，导致培养出的人才过于同质化，未能充分挖掘他们的内在潜力。而素质教育刚好相反，能够培养出多元化的人才。当今时代，社会进步与个体成长紧密结合，需求基本一致，人们追求自由发展和个性成长的理念也是一致的，而素质教育恰好能够实现人的全面发展和个性化发展的统一，更重要的是素质教育可以将潜藏在大学生内心深处的潜能全部激发。因此可以说，素质教育才是真正的"以人为本"的教育理念。在传统的、过于僵化的刚性管理模式中，大学生的个体差异往往被忽视，管理者的重心都放在构建良好的学习环境上，这种做法限制了大学生的个性表达和自由成长，导致他们与高校管理之间出现脱节。这无疑也会阻碍教育的发展，所以高校应该采纳与现代教育管理体制相匹配的柔性化教育管理理念，更好地进行大学生管理。

（二）大学生柔性管理的现实可行性

1.柔性管理与大学生管理具有契合性

从学生工作的视角出发，教育管理与柔性管理在定义上存在明显不同，但细究两者的本质会发现两者存在很多相同之处，因此可以在教学管理中应用柔性管理理论。教学管理和柔性管理的相同点主要表现在两个方面：一方面，两者关注的都是个体的思想和行为存在的内在规律；另一方面，两者对大学生的管理都注重使用情感触动的管理方法。

柔性管理的核心理念是以人为本，这种理念强调管理者在开展管理活动时需将人的需求、权利和主观能动性放在首位，促进人的全面发展。此处的管理不单单是一个空洞的流程，更是一个始于人、止于人的过程，通过挖掘、激发大学生的内在潜能，提升其创造能力。相较于传统的刚性管理，柔性管理在管理方式、管理范围和管理成效上都有所长进和创新，这与学生工作的特点恰好相辅相成。作为学校工作主要对象的大学生正在关键的成长阶段，而且他们是独立的个体，他们的思想活跃，创新意识强烈，潜力也很容易被所处环境影响，具有极强的变化性，这会导致他们的行为和心理与现实不一致，但这正是柔性管理所强调的。同时，大学生追求个性化、创新性的体验，对于过于机械、重复的管理方式可能产生抵触，而这与柔性管理的多变性相契合。在管理过程中，教师的学术素养和人格魅力决定了他们在管理过程中的影响力，如果能与学生之间建立情感联系、在思想上产生的共鸣必然能实现管理效果最大化，这也恰恰是柔性管理中感性因素的具体应用。

综上所述，将柔性管理融入学生工作，能有效改善管理体制，甚至会影响现代教育管理的发展。

2.柔性管理符合现代高等教育的理念

当今社会，发展是第一要务，无论在制订何种计划或举办何种活动时，都应以此理念为出发点。而每一个计划和活动的发展，最终都会反映在个体的发展上。以教育为例，教育的目标就是实现学生的全面发展，换言之，教育应坚持以学生为本，为学生服务，促使学生实现德、智、体、美的全面发展。现代高等教育的最终目的是育人以及发展人。

由上可知，单纯基于满足社会需求的教育是片面的，无论是思想还是意识都稍显不成熟。现代教育理念与社会发展相适应，不仅满足了基本的物质需求，还深入探索个体的非物质需求以及人格的塑造。现代教育管理的核心就是满足个体的发展需求，这不仅包括关注他们的发展特性，还包括对生命意义的思考，并应用符合个体生理和心理的教育管理模式。要想让高等教育与义务教育达到相同的标准，首要任务便是确保满足学生的发展需求，并突出教育的本质和意义。柔性管理讲求以人为本，它在中国的教育中最根本的发展和前进方向是中国的高等教育一定要做到以人生的价值为教育的最终目标，这意味着高等教育始于学生的全面发展，并尊重他们的心理规律，遵循他们的生理规律，确保他们的人格和权力得到尊重，在他们面临困境时给予关心与支持，理解他们的弱点和不足，鼓励并支持他们形成独立自主的意识。

现代高等教育就是基于以上宗旨确定以人为本的柔性管理思维，使柔性的管理能够持续有效地推进大学生的全面、协调、可持续发展。

五、大学生柔性管理实施的策略

（一）促进大学生的全面发展

人的全面发展在历史各个阶段的内涵都各不相同。马克思与恩格斯在《共产党宣言》中明确表示人类的全面发展主要体现在以下三个方面。

1.能力的发展

人类的能力发展并非仅指沟通能力、创新能力等常规能力的发展，还包括了智力、潜在能力的发展，这也是提升个体素质以及与全体民众素质的重要途径。

2.社会关系的发展

正如马克思在《关于费尔巴哈的提纲》中所言，"人的本质并不是单个人所固有的抽象物质，在其现实性上，它是一切社会关系的总和。"这意味着人类的本质是存在于其社会关系中的，换言之，人类的能力只能在社会关系中才能得到真正体现和发挥，而人类的社会性是人类能力得到满足和施展的关键，并使人类自身得到社会的尊重和认可。

3.个性的发展

人的个性指的是每个人作为独立存在的独特标识。这种个性的发展其实就是增强人的才能和独特性、个别性，培养独立的性格。

总而言之，在这个每个人都试图凸显自我价值的时代，为了积极应对技术变革，适应全球性的合作与竞争，推动大学生全面发展尤其重要。在当前环境下，大学生不仅要具备专业的知识或技能，而且要在人文与科学、道德与信仰、生理和心理等多个领域都能实现全面发展。换言之，大学生既要具备丰富的、先进的知识，还要拥有健康的身体和心理，提升自己的思想道德素质。因此，大学生的全面发展不仅要提升其个人能力，还要同步提升其个人素质，同时与社会进步紧密结合。

（二）建立学生管理中"法治化管理"和"柔性化管理"的统一关系

随着社会进步、市场经济蓬勃发展，高校对大学生的管理越来越强调法治化的管理模式，如依法教育、依法治校、依法管理等，这些都属于高等教育大学生管理。从本质上看，这些管理方法都有助于开展大学生思想管理工作。随着《普通高等学校学生管理规定》的正式推行，标志着我国高校的大学生管理模式正在向法治化的转变，其中"依法治校"是关键所在，这也是众多高校在开展管理工作时的行为准则。随着社会发展，我国大学生管理法治体系越发完善，再加上大学生与法律的接触越发频繁，大大增强了他们的法律意识，因此高校在开展大学生管理工作时不仅要坚持法治管理，更要在其中融入柔性管理，实现共同发展。

1.完善学生管理制度及操作流程

为保证大学生管理工作顺利开展，首先需要具备一个完善的学生管理制度及详细的操作流程,这既是学生管理工作开展的前提,也是管理工作成功的保证。要想应用柔性管理方法,学校必须构建一套既科学又具备学校特色的管理体系,制定管理相关的规章制度和明确的奖惩规定,从而对大学生的在校行为进行全方位的规范,而且要在日常规范学生行为的过程中不断强化规章制度,慢慢地使规章成为他们日常自觉遵循的规则之一。当高校法治化管理模式可以顺利应用时才能顺利开展柔性化管理,它将学校的所有规章制度融入大学生的日常生活,通过引导让大学生明白哪些能做,哪些不能做,而不是强迫或要求大学生必须做什么。因此,为实现有效的学生管理,管理者必须创建适用和实用的内部管理制度,并设定明确、统一、科学的评价标准,对高校大学生管理工作进行综合评估。此外,柔性管理还有一个比较显著的特点,即时间滞后性,具体来讲就是开展柔性管理工作需要高校将制定的书面规章制度内化为大学生的自主行为,而这一过程需要时间,在这段时间内,高校大学生管理就需要强有力的法治化管理,因为只有法治化管理才能在短时间内促进大学生发生行为的改变,确保学校的各种管理方法得到实施并发挥作用。因此,柔性管理的实施必须建立在法治化管理的稳定和持久的基础之上。

2.法治化管理是大学生管理工作中的一种有效手段

影响学校管理制度实施的因素有很多,最主要的就是管理者的素质高低,如管理者的人格魅力、大学生是否认可管理者、管理者的个人能力等。通常情况下,大学生管理者的地位极高,不仅要承担管理制度的构建、执行和评估,还要负责制度考核者,而学生则相对处于被管理的地位,因此要求管理者与大学生之间应构建有一个和谐、平等的关系。尽管法治化管理具有明确性、约束性和权威性,能够解决大学生面临的各种问题,作用巨大,但它更注重行为规范的统一,强调外在约束,具有一定的强制性,这可能会导致大学生管理过程太过刻板,以及管理过程中存在的问题被激化。管理者强迫大学生服从管理,可能从表面或在短时间内看起来取得不错的管理效果,大学生也都服从管理,但这种服从只能维持一时,长此以往可能对大学生的团队精神和个性化产生不利影响,甚至会导致他们的反抗以及对管理者的不信任。如果应用柔性管理方法，可以采用各种各样的方式来激发大学生的积极性、主动性，用情感感染大学生，充分发挥其创新能力，保证大学生管理工作有序开展。此外，将"以学生为中心"和"人本主义"等理念融入管理工作当中，要知道，管理者和学生看待问题的角度不同，产生的看法自然也会不同，所以管理者应该尝试站在学生的角度看问题，深入理解他们，并将这种理解融入日常的管理工作当中，解决各种管理问题，这样才能让学生们认可管理者、认可学校，并在学生和管理者之间形成真正的信任，同时创建和谐的校园文化环境，使学生真心支持学校的管理工作。

高校对大学生的管理无论是选择"法治化管理"还是选择"柔性化管理"都有其优势，两种管理模式之间存在明显的辩证关系，甚至在某些时刻可以成为有机整体。法治化管理，以其严格的规范、原则、制度为大学生创造了一个明确的行为框架，确保事情的顺利进行，无须过多的情感干涉。而柔性化管理更多地依赖于情感的交流和理解，通过与大学生建立深厚的情感连接，为他们提供一个更加人性化的管理环境，采用的管理方法会根据人或事情的变化而变化。由此可知，法治化管理讲求不变，而柔性化管理则讲求变化，两者天生对立，但如果能将两者有机地融合在一起，就会在因人而异、因势而动之后实现统一。大学生管理中既需要"法"（即法治化），也需要"情"（即柔性化），二者是相互联系的整体，决定了管理工作的最终效果。具体来讲，"法"就是高校为管理大学生制定的各种规章制度，它可以通过约束使大学生养成良好的生活习惯，也可以为管理者开展大学生管理工作提供理论支撑，让管理者从主观出发对大学生实施准确化、理性化、科学化的管理。但是如果大学生管理只以"法"为依托，大学生的行为虽能够得到规范，但并不能从根源上解决管理问题，管理效果必然不能长久。而"情"就是情感接触、感染、教育，可以拉进大学生与管理者的距离，引发情感共鸣，从而刺激大学生打开紧缩的心灵之门，有助于管理工作的顺利开展。但如果大学生管理只以"情"为依托，无章法可循，管理工作就没有理论支撑，而且会太没规矩、太随意，管理效果也不尽如人意。如果将"情"与"法"融为一体，不仅能为管理工作提供理论支撑,还能用情感感染大学生,让其认可管理工作,既能治标也能治本,更重要的是能确保管理工作的稳定性和长效性。综上所述,最适合大学生管理的管理方法应当是"法"与"情"的完美结合。

这里需要注意,柔性化管理绝不是一种毫无原则、只重视人情的管理模式,更不是盲目地随波逐流、违背原则,而是充分考虑人的因素的管理。另外,法制管理不仅仅关注外部规章制度的强制约束,也并非冷冰冰的条例执行。理想的大学生管理应融合这两种方式,确保大学生在一个有序的环境中自由发展。在大学生管理实践过程中,要依据既定的制度和原则行动,但同时要遵循"以人为本"的原则,努力为大学生营造一个和谐、愉快的学习环境,真正实现管理的核心目标。柔性化管理与法治化管理并不是相互对立的两端,当两者有机融合为统一整体时,就可能实现管理中人性与法治、柔性约束与刚性约束的统一。柔性化管理鼓励管理者根据情境适当调整管理方法,以保证管理与大学生的实际需求相一致,但同样要遵循相关规章制度。而法治化管理对各类制度和条例给予高度重视,并明确要求一切活动严格遵循,却缺乏了"一定的人情味"。虽然柔性和法治化管理各有特点和侧重点,但两者在管理实践中的关系同样十分密切。当这两种管理模式得以有机融合,构建相互平衡、相互补充的关系时,大学生管理必然能达到其期望的效果。

(三)把握好内容的综合性与教学之间的互动性

在当前社会快速发展的背景下,高校需要灵活运用包含社会学科在内的多学科的研究成果开展跨学科的讲座,同时结合传统的学术讲座活动,应用多样的方法从不同维度上与思想政治教育相结合,促进大学生对党方针政策的了解,增强大学生的思想政治素质。高校在举办交叉性和理论性的学习活动时应采取多样化、现代化的形式,如知识讲座、多媒体播放等,这种综合性的教育内容有助于拓宽大学生的知识视野,激发其学习热情,并使其更加深入地理解大学的核心教育理念,效果显著。高校更应重视社会实践,尝试"走出去,引进来"的教育方针,与校外的教育资源产生协同效应。例如,可组织大学生进行下乡的社会实践，同时协助当地在科学、文化研究、教育、救济等各个领域开展调查；或者组织大学生参与文化建设交流活动，该活动的核心理念应与其他研究机构、高校以及知名研究所的发展方向保持一致，为大学生提供更多元的学习机会。

（四）建设和谐的校园文化

校园文化一直都是社会文化的核心内容，地位奇高，因为它反映了教育者和受教育者的发展轨迹。校园文化是一种特殊的、发生在校园中的、针对大学生的组织文化，大学生是其中心，校园是其主要场所，课外活动是其灵魂，校园精神是其核心特点。当我们从柔性管理的视角看待校园文化时，教育者的角色就转变为引导者，负责激励和指引大学生学习，从而陶冶他们的情操、丰富他们的知识、帮助他们积累实践经验。校园文化建设与学校教育的各个阶段密切相关，并对教育教学活动有深远的影响。校园文化的内容丰富多元、形式五花八门，对大学生的成长起到关键作用。但校园文化与其他组织文化一样会对大学生产生双重影响，既有助于他们健康成长，也可能对他们产生不良影响，甚至影响他们的价值观。在育人工作中，高校所扮演的是一个特殊的教育环境，而积极向上的校园文化直接决定了大学生能实现健康成长和全面发展，而且校园文化对大学生管理工作的效果也有重要影响。要想使校园持续、有序地进步，就必须不断提升校园文化的管理水平，以培养更多的优秀人才，为国家发展贡献力量。校园文化实现教育目的的途径只有一条就是独特的教育环境，直接影响教育的最终效果。从某种意义上讲，大学生管理目标的制定需要涵盖大学生的价值观、思维模式和行为，所以柔性化管理与健康校园文化建设存在一定的共通之处。例如，它们都以学生为中心，目标都是促进学生的全面发展，都重视对学生进行温和的引导以实现潜移默化的教育。此外，学生的文化活动是学生教育管理工作开展的主战场，而学生教育管理是校园文化的主要载体和实施者。因此，在大学生管理工作中应用柔性化管理理念可以促使校园文化平稳发展，为学生的教育管理带来无限可能。

校园文化主要包含三个层面，即物质层面、制度层面和精神层面。因此，通过对这三个层面的持续建设，推动校园文化的和谐发展，已成为学校管理工作不懈追求的目标。

1.加强校园物质文化建设

校园物质文化是校园文化最直接、最表面的内容，包括校园的建筑设计、绿意景观、自然风光、卫生情感以及各种设施等，是学校文化品质的直接表现。

现代的"柔性管理"强调"在管理中教育人"，而物质文化建设在各个领域中都有广泛应用，那些成功的企业尤为重视文化环境建设，因为他们都明白一个道理，一个良好的文化环境对活动的顺利开展至关重要。从这一角度出发，高校在实施柔性管理制度时必须重视与其相协调的校园文化建设。在具体过程中，学校应以自身和大学生的实际需求为出发点，营造一个积极、健康的校园文化，这一点可以通过高校的景观实现，通过带有丰富文化内蕴的人文景观构建积极、和谐、独特的校园环境。在建设校园文化环境过程中，高校应结合校园文化整体设计、合理分布自然和人文景观，营造一个充满当代风貌且富有文化底蕴的校园环境，保证其与高校教育目标和大学生的实际需求相匹配，更重要的是要注重满足大学生的审美需求，为他们打造一个愉悦、宜人、优美的生活与学习环境，进而促使其健康成长、全面发展。总而言之，高校应通过校园文化环境在无声无息之中对大学生产生积极影响，使他们更加独立、更加自主，能主动进行自我约束，同时推动校园文化繁荣发展。

一个洁净且有序的生活环境可以为大学生提供一个宁静的精神避风港，而且这种环境还能在一定程度上提升他们的学习效率，促使其心理健康。为了确保大学生健康成长和全面发展，高校需要加大力度保持校园的平静与安全，这就要求高校坚持以人为本的原则，细致、科学、合理地规划校园。为了营造这种安静、祥和的环境，高校不仅要制定具有前瞻性的规划方案，也要鼓励师生共同参与并进行积极创造，这样既能增强他们的参与感和创造性，还能充分利用高校的独特资源和丰富文化底蕴来优化校园环境。此外，高校校园环境建设还需融入校园精神文化元素，将物质文化和精神文化融合在一起，营造出和谐统一的校园文化气氛。

2.加强校园制度文化建设

高校的制度文化不仅反映了高校的价值观和教育理念，还是高校师生共同的价值追求。因此，校园制度文化建设必须坚持"以人为本"这一基本原则。校园制度文化的构建主要包含两部分，分别是高校的组织结构和日常运营准则。而想要完成高校制度文化的构建和实施最关键的一点就是制定有人性的校园规章制度。

（1）高校制度文化应符合本校的思想教育、学术研究以及教学教育，要具有本校特色，要与本校的人才培养战略相契合，从而发挥自身的功能优势。

（2）高校制度文化要紧跟时代潮流，与时俱进。高校培养的大学生是国家未来发展的中坚力量，因此高校制度必须具有前瞻性，与社会的发展节奏同步，还要根据社会的最新动态及时更新和调整，最终培养出国家需要的新型人才。

（3）高校应充分发挥其育人功能，教授大学生知识，完成启蒙的根本任务，创造社会正能量。

当代大学生正身处人生的激情阶段，个性张扬、热血澎湃，如果制定过于刻板的制度很容易激起他们的不满，甚至引发对立。因此，高校在制定校园制度时必须确保它既有约束力又能展现人性关怀的特质，这样的制度更易得到大学生的认同，他们不仅愿意遵守，甚至还会主动捍卫。大学校园可以说是大学生进入社会前的最后一片净土，是社会的微观反映，也是大学生价值观形成的重要场所。优秀的校园制度文化不仅能帮助大学生提升专业技能，加深学术研究范畴，还能够提升他们的道德素养。当我们坚持"以人为本"原则，建设充满人性关怀的校园制度文化时，大学生们会自然而然地感受到制度带来的是温暖的关怀而非强制的约束，他们更容易积极表示理解、认可，并遵循、维护学校的制度，营造出一种相互理解、重视学术的优秀校园制度文化。

教育事业是一个神圣的事业，它时时刻刻都在展现内在的高贵，确保教育在社会发展中起到核心的驱动作用。因此，高校需要不断深化对学术平等的理解，构建公正的校园制度，营造一个公平的学术环境。一直以来，教师和学生都是高校教育的核心主体，它们的地位和权益应始终得到充分的维护和尊重，以激发他们的主观能动性和创造性。值得注意的是，当代大学生正处于形成人生观和价值观的关键时期，因此他们在成长过程中很容易走入误区或朝着错误的方向前进，在这关键的时刻，学校应主动关心他们、鼓励他们并引导他们走出误区、找到正确的方向。面对大学生犯下的错误，学校应重视正向激励和引导而非一味地惩罚，采用引导为主、惩罚为辅的教育模式，让大学生在经历困境和失败时能够获得真实的体验，产生深刻的反思，逐渐走向成熟。此外，学校的管理制度不仅是为大学生设定的规范其行为和思想的规则，还为规范校园领导和教育工作者提供了理论支撑，因此高校领导和教育工作者应发挥带头作用，以身作则，遵循并维护这些规定，用自身的模范行为启示和激励大学生，营造出一种积极的校园文化环境，引导大学生更好地融入这一环境。

校园制度文化的建立必须坚持以人为本，这种人性化的管理理念在某种程度上决定了校园制度文化能够顺利推行以及平稳运行。古语有云，"无规矩不成方圆"，校园制度只要建立就必须严格执行，绝对不能偏私。从本质上看，高校是一个育人场所，但也是社会的微观缩影，如果期待每个大学生、教职工以及管理人员都自觉遵守校园制度必然是不现实的，所以需要根据校园制度严格处理那些有违校园规范的教职工、学生或管理人员。校园制度文化是维护绝大多数校园人共同权益的根本制度，是保障校园和谐稳定的关键制度，对于试图行使特权的人必须毫不妥协地进行处理。在落实各项校园规章制度时，高校不仅要坚持人本原则，更要确保公平、公正，彰显独特的法治文化。

3.加强校园精神文化建设

校园精神文化是校园师生共同的精神信仰。柔性校园管理其实就是利用这种属于信仰的精神文化来进行管理，这意味着要将人们共同的教育理念、知识理念和师生关系理念深深融入大学生的日常生活和思想当中，并在实际行为中体现出来。为了实现这一目标需要经历以下几个步骤。

首先是提炼。校园精神文化是从高校成立开始，经过长时间师生理解、知识学习的理论积累，存在于所有师生内心的、被人们认可的人生观和价值观，它反映了学校的独特文化和深厚的精神财富。

其次是提倡。仅仅通过制定严格的标准和处罚措施是不能完全维护和传承这种精神文化的，反而有可能引发大学生的反感。因此，为了真正让高校精神文化深入人心，我们需要在校园生活环境、学习环境和公共环境中都对其进行推广，使其成为大学生的行为准则。

再次是展现。高校精神文化并不仅仅是纸上的标语或文档中的文字，而是高校师生自然间共同表现出的行为风范，因此要通过师生的实际行为来充分展示其魅力。

最后是保护。领导、教师在校园精神文化培养过程中要起到关键的引导作用，不仅要引领这种价值观的传播，还要身体力行，真正投入其中，确保其持续向积极的方向发展。

4.开展丰富多彩、形式多样的校园文化活动

高质量的校园文化活动是构建和谐社区的关键。校园文化活动在一定程度上反映了校园文化的主要脉络，校园活动根据主体不同可以分为两类，分别是教师活动和学生活动，相较之下学生活动更重要，因此这里主要针对学生文化进行讨论。不同的活动会营造出不同的校园文化。例如，科技讲座和科学活动能够引导大学生感受科学之美，在科学理念的影响下培养他们的科学兴趣，提升他们的综合素养，而且会对他们的课内学习有一定影响，促使其成绩的提升。再如，文艺展览和文艺表演活动则能够提升大学生的审美水平，增强其创造力，还能通过美的享受减轻繁重学业产生的压力，有助于构建一个更加融洽的校园文化。目前，很多大学都十分重视校园文化活动，都希望通过优质的校园文化提升学校的整体竞争力，营造一个更适合学习的校园环境。高校应从以下几个维度展开努力。

（1）活动应充满活力与乐趣。校园文化活动的主要参与者是大学生，这就要求活动的设计要切合大学生的喜好和个性特点，同时呈现积极向上的文化精神，严禁掺杂丝毫消极、颓废的情绪。

（2）提高举办活动的频率。多举办活动就能让更多的大学生参与其中，这样可以促使大学生在多次参与活动的过程中不断增强自身素养，还能加深不同大学生之间的联系，增强大学生群体的凝聚力。

（3）应举办多种多样的活动，这样可以潜移默化地对大学生产生更深层次的影响。

（4）年轻教师需要以身作则，发挥带头作用。年轻教师的年龄与大学生相近，可以作为师生交流的桥梁，引导大学生正确地参与活动，并通过自己的行为为他们树立榜样，在无形中传递高品质的教育理念，构建健康的校园文化。

5.建设和谐的校园人际关系

校园人际关系并不只包括师生关系，还包括教师与教师、学生与学生、管理者与教师或学生的关系，这种关系渗透在学习、生活和思想等各个领域。和谐的人际关系对学校的正确运营和发展至关重要。一个和谐的人际关系的形成需要多个主体的共同努力，是他们基于信任、理解、支持和尊重等因素形成一个充满活力、积极乐观、团结且充斥一定风险的特殊状态。人际关系的定义极其复杂，其内部隐藏着多变、繁杂的利益关系，即使是在校园环境中也不例外。为了培育高校中的积极人际关系，高校应重视情感教育，以此来引导大学生树立健康的人际关系理念，帮助大学生在自身、社会和自然的互动中找到平衡，构建和谐关系，同时促使大学生不断成长，提升他们的道德素养和心灵智慧，让他们学会用开放的心态理解并处理各种关系，以尊重和信任为前提与人交流，促进人际关系和谐，建立优质的校园人际关系。此外，高校还应加强对教职员工的理性教育，帮助他们建立坚定的职业理念，优化其人格品质，以身作则成为学生的典范。高校教师是育人目标的主要实施者，对其进行思想教育可以让教师在不受外在因素的影响下正确处理人际关系，无论是与同事、学生之间的关系还是与学校、国家之间的关系都不例外。此外，高校应培养师生对学校的认同感和归属感，尽可能地协调和处理其中存在的潜在问题。综上所述，构建一个和谐的校园人际关系可以营造一个平等、和谐、互爱的校园氛围，从而使生活在其中的教师和大学生能够更好地为和谐社会建设提供助力。

（五）优化学生管理机制

当前高校的学生管理工作主要是由本校的党委书记负责，而各学院的管理工作则由学院院长和院党委书记负责。高校的管理结构主要包含两大部分：一是学校党委工作部和学校管理处等学生工作管理机构，此类机构的主要工作是在开展行政管理工作时同步开展思想政治教育工作，还负责学生会的领导工作；二是共青团组织，该组织主要负责学校中与共青团有关的工作，还负责管理学生社团和学生会。

当前我国大部分高校采用的都是这种管理模式，但随着高校扩招，学生数量极具增长，高校的管理工作就逐渐显得捉襟见肘了。为了更细化地管理，高校可以增设学生管理处和学生教育处，前者主要负责大学生的日常管理工作，后者则侧重于大学生的教学工作，各个学院的日常管理工作和教学工作都由教育处统筹管理。随着高校学生管理正向法治化、民主化转变，使传统的、复杂的管理模式不得不经受依法办学的考验。因此，我们需要简化管理流程，明确每项管理工作的目标，将大学生行政管理工作与思想政治教育工作以及大学生的自我管理彻底区分开。另外，各学院可以在校学生会的领导下设立自己的院学生会，这样做不仅能推动本院学生的健康成长、自由发展，也能更好地推进学校的整体管理工作。这里需要注意，校团委在管理学生社团组织和学生会组织时可能会遇到各种问题，最显著的就是校团委管理学生组织缺乏必要的管理依据和支撑，但是怎样梳理这些关系并推动学生管理工作的程序化、法治化和民主化会进一步地成为高校学生管理工作所需解决的难题。

根据当前高校学生管理工作的具体情况以及高校学生管理工作的民主化、整体化和法治化的需要，并从实际出发，对调整高校学生工作的管理机构提出以下几条建议。

第一，如果高校有资格培养研究生，那该校的学生处需要承担研究生的管理工作，研究生的行政管理及学籍管理应进行统一管理，且以学校行政管理为先，同时确保教学管理工作平稳落地。

第二,组建学校党委学校工作部,主要负责对全校学生的思想政治教育工作的管理和领导。主要任务包括:一是领导学生的党务工作;二是领导学生会,保证学校党委在学生思想政治教育工作开展过程中的领导地位。

第三,组建以校团委为核心的学校社团的管理中心,主要负责学校社团的管理。由于该管理中心的发展主要由校团委负责,因此该管理中心的人员也以校团委的管理人员为主。

总的来说,通过上述的调整和建议可以更有效地优化学生管理机制,并将高校的管理工作和思想政治教育工作彻底分开,有助于深化高校各部门的协同工作,提高管理效率。

第二节 "互联网+"在大学生管理工作中的应用

一、"互联网+"的概念

"互联网+"这一概念最早是在2012年的易观第五届移动互联网博览会上出现的,由时任易观国际董事长兼CEO的于扬提出。到2015年时,《国务院关于积极推进"互联网+"行动的指导意见》进一步明确了它的定义:"把互联网的创新成果与经济社会各领域深度融合,推动技术进步、效率提升和组织变革,提升实体经济创新力和生产力,形成更广泛的以互联网为基础设施和创新要素的经济社会发展新形态。"

今天,"互联网+"的理念已经深入社会的各个角落。互联网具有平等性、开放性、泛在性等显著特点,它甚至已经逐步脱离工具、技术手段等身份,转而凭借共享、协同等特殊功能成为一种全新的思维和生活方式,甚至具有了哲学意义。互联网的平等性主要体现在互联网空间中的所有个体都是平等的,不存在任何的等级制度,可以自由地搜寻、获取资源;其开放性主要体现在互联网应用无边界，能够与社会各个领域资源展开合作并实现共同进步；其泛在性主要体现在互联网可以让所有人跨越时空在虚拟空间中实现信息的即时传递。而其协同性主要体现在它的诞生使社会发展更加倾向于扁平化，具体来讲，互联网采用一种既能保持独立也能协同工作的横向分布协作模式促使社会朝扁平化发展；其共享性主要体现在它所提供的分享服务都是无偿的，且能让更多的人同时体验和受益。现如今，人、信息和资源通过传感器及网络软件被互联网紧密地连接起来，大数据技术实时收集、整理、分析对象的信息数据和网络痕迹，得出最有价值的结论。个体通过大数据整理和分析的结果可以构建针对自身需求的智能系统，能有效降低生产和服务的边际成本。

二、相关理论

（一）三全育人理论

所谓的"三全育人"主要包含全员育人、全过程育人、全方位育人，是我国新时期高校教育管理工作的指导方针。全员育人就是将所有具备育人责任的主体都纳入育人队伍，构建学校、家庭、社会、学生组成的"四位一体"的育人机制。全员育人的主要特点是高校学生教育过程不再仅是学校的任务，而是一个社会广泛参与的活动，所有育人主体都要积极参与其中发挥育人功能。全过程育人是从学生进入学校的那一刻起，沿着其大学生涯的时间线对其进行连续性、系统性地思想政治教育，确保学生的思维模式和价值观得到全面塑造与健全。这也意味着高校在开展学生教育管理工作时具有明确、连贯、协调、连续等特点。全方位育人主张以教育内容为中心，建设健全教育管理内容和手段，不仅要关注学生的知识学习，还要促进其德、智、体、美、创新意识及心理健康等多方面的全面发展。全员育人、全过程育人、全方位育人三者相互协调配合，打造出家、校、社会协调的育人格局。

全员育人注重教育的多元参与者。在学生的成长过程中，不只是学校发挥其教育作用，家庭和社会环境也扮演着至关重要的角色，同时学生自身也参与并影响这个教育过程。高校育人队伍不仅有辅导员和教师等专业教育者，还有管理者、后勤服务人员等，他们共同为学生的教育管理付出努力。事实上，社会成员的每一句话或每一个行为都可能对大学生的思想形态产生深远的影响。此外，大学生自身同样是育人队伍不可或缺的重要组成部分。在校大学生一般与学生、教师的接触最多，同学对其思想和行为的影响也很大，甚至会出现同质化，如一个同学喜爱的某种事物可能很快会成为所有大学生的喜爱，因为同龄的共性使他们之间的交流更流畅，也更容易接纳其他人的思想和行为。

全过程育人则突出教育的连续性。从学生步入校园的那一刻开始直至他们走出校门，学校都应对其进行教育管理，且保持教育内容和方式的一致性和连续性。

全方位育人更强调教育的广度和深度，追求从多个维度上对学生进行教育，所以教育者在设计教学方案时要保证教育内容之间存在内在联系，且可以组合成一个有机整体，而非零零散散、支离破碎的，教学方式也要具备全面性、要多样性。

（二）人本主义理论

人本主义理论指的是让大学生进行有意义的学习，从而展现他们的个人价值，马斯洛和罗杰斯是这一思想派别的典型代表。人本主义思想经历了多个时代的发展，其核心问题转向如何在以学生为中心的环境中，由教育者有效地促进他们进行有意义的学习。人本主义学习理论其实就是上述问题的答案的集合，主要包含师生观、教学观、课程观以及评价观。从师生观的角度分析，每个学生都是学习的主体，应主动学习。在师生观下，人本主义认为学生天生就对所有未知事物拥有极强的好奇心和探知欲，对学生的教育就是逐步满足学生这种天生求知欲的过程。而教学观强调教师在学生学习过程中有无可替代的重要作用，教育者应以开放和关心的心态帮助学生发现和探索，促进其发展。在教学观下，人本主义理论认为师生应形成良好的师生关系，教师对学生的教育应是指导性或鼓励式的而非指令式或灌输式的，促使学生进行有意义的学习。

此处的"有意义"指的是同时结合逻辑与直觉以及概念与经验的学习模式，而非重复、单一的认知，是观念和意义结合的真正学习。在课程观下，人本主义理论注重对直接经验的学习，鼓励学生参与和体验。在评价观下，人本主义理论认为学生的自我评价至关重要，这有助于他们更深入地理解自己的学习进展和动机。总而言之，人本主义学习理论认为学习知识最重要的就是建构自己的知识结构，在学习过程中，学生需要借助自我评估掌握自己的学习状态并产生学习动力。

（三）期望理论

一直以来，期望理论都是人们研究心理学无法跳过的经典理论。1964年，维克托·弗鲁姆（Victor H. Vroom）在《工作与激励》中首次提及这一理论。该理论主要由两个部分构成：一个是期望公式，即$M=E \times V$；另一个是期望模式。在期望公式中，M代表动机的强度，即个体想要完成任务的动机的强度；E代表期望值，即个体对成功达成目标的主观概率判断；V代表效价，即任务达成后满足单个个体需求的价值。期望模式正是根据期望公式三个元素间的逻辑关系衍生出来的。

第一，人们的努力程度与绩效之间的关系，即个体在努力后得到相应回报或认可的可能性，这种可能性越大，对个体的激励强度就越大。

第二，绩效与组织提供奖励之间的关系，即个体对于完成目标后所能得到的奖励的信任程度。

第三，组织给予的奖励与满足个人需求之间的关系。由于每个人的背景、经历、需求、社会地位、物质水平都有所不同，他们对同样的奖励会有不同的反应。

在西方过程型激励理论中，期望模式的转化应用是重点内容，其被广泛应用在与激励相关的研究中。大量的理论研究和案例已经证实基于期望理论可以建立较完整和科学的框架，而且这样的框架有助于检验激励导向，并在实际中运用。当前，随着大学生在多元化环境中逐渐衍生出新的特征，利用过程型激励理论对大学生进行教育管理显得恰如其分。当学生出现疲惫或动力不足的迹象时，教育管理者可以给予大学生恰当的认可和鼓励，同时搭配奖惩机制，可以确保教育管理的公正性。总的来说，借助这种理论可以有效地推进高校教育管理工作的开展。

三、"互联网+"背景下大学生管理优化的策略

（一）加强大学生自我教育和自我管理

1.加强大学生的自我教育

在"互联网+"的背景下要想加强大学生的自我教育，首先要做的就是让教育者接受教育。第一，为了有效指导大学生应对互联网时代的挑战，管理者必须先深入了解与"互联网+"相关的问题和发展情况，并形成理性认知。第二，受到互联网平等特点的影响，现代大学生管理模式更强调大学生与管理者之间的平等关系，这既是互联网发展的要求，也是现代高校管理中民主管理、无边界管理、以人为本管理的必然选择。而且，强调管理者与大学生处在平等地位，还是高校注重大学生主体意识的真实体现，是高校教育逐步转变为自我教育的重要基石。当前，由于互联网具有信息传播迅速、发展变化快速的特点，因此大学生管理必须考虑到管理时效性，借助网络中的热点问题和趋势会对大学生进行自我教育，同时严格控制问题的影响面，提升他们分析问题、解决问题的能力。例如，面对互联网上充斥的拜金主义观点和激进的网络舆论，大学生作为一个知识丰富、有教养的群体，绝对不能未经客观分析就盲目地转发或评价，而是应该了解事情全貌后经过仔细分析后再发表自己的意见。此外，大学生管理者可以利用互联网上出现的正反两方面的案例引导其进行自我教育，提高其自我教育的能力，推动大学生的全面发展。

2.加强大学生的自我管理

在大学生管理工作开展过程中，管理者应当深入分析他们的身心发展特

点，知晓并不需要对其进行全方位的管理，也不需要家长帮助管理，只需在了解大学生的学习生活后结合大学生的具体情况逐步提高其自我管理能力即可。在"互联网+"背景下，大学生管理应更多地促进大学生进行自我管理，实现自我成长。由于绝大部分大学生都积极参与网络社区活动，管理者可以利用这一特质开展管理工作，管理者可以鼓励大学生加入校园网络社区，通过学习和交流增进彼此之间的关系。管理者还要在鼓励大学生参与网络社区生活的同时，引导他们在网络活动中保持秩序、遵守纪律，严禁做出无组织和无纪律的行为，增强他们的网络自律性，实现大学生管理的管理目标。管理者还可以在网络社区中培养并设置管理员，如班级讨论组的管理员，这些管理员可以由大学生自荐或选举产生，他们在网络环境中起到学生领袖作用，从而增强其自我管理意识。同样，校园在线论坛的版主也是一样，他们负责监督论坛的日常运行，如审核帖子和发布公告。这些网络学生领袖不仅能帮助大学生更好地利用网络资源，也作为大学生与管理者之间的沟通纽带，促进双方的合作共赢。

（二）推进大学生管理的科学化

在大学生管理工作中，科学化反复被强调。在"互联网+"的背景下，大学生管理的科学化进行了升级，需结合最新的网络技术和网络应用开展工作。具体来讲，应围绕大学生管理中存在的问题优化、调整相关的管理制度和机制，进一步加快大学生管理的科学性进程。

1.大学生上网目标与结果管理的规范化

在"互联网+"的背景下，大学生管理的规范化与传统管理存在明显差异，最主要的区别在于互联网技术的广泛应用以及互联网对大学生产生的深刻影响。高校大学生管理实施规范化重点是大学生上网目标与结果管理的规范化。具体来讲，高校应基于当前的法律、法规和规章制度，结合政策引导、舆论宣传等方式引导大学生做出健康的网络行为，促使大学生健康发展，确保网络技术在大学生的成长和学习中发挥其应有的积极作用。为适应"互联网+"的新趋势，高校还需结合"互联网+"的应用优化、调整现有的规章制度，确保制度规范化，从而更高效地推进基于互联网的大学生管理工作。

2.大学生上网目标与结果管理的精细化

"互联网+"视角下的大学生上网目标与结果管理的精细化，是以高校现有的"互联网+"对大学生学习与大学生管理的影响为基础的，其强调的是针对该高校现有的互联网层面的大学生管理工作中存在的突出问题而采用相应的解决对策，并结合互联网所具有的优势，全面提升高校对大学生的管理水平。当代大学生都是"00后"，经常在网上分享情感、发泄情绪以及娱乐，管理者可以借助设置网络观察员来全方位了解大学生在网络上的动向。这些观察员可以利用网络社区、讨论区、QQ和微信等多种渠道来了解大学生的网络行为，及时捕捉他们的思想和行为变化，进而能够及时地对大学生进行有效管理，推动大学生管理的精细化。

3.大学生上网目标与结果管理的个性化

在"互联网+"背景下，大学生管理还应关注到大学生上网目标与结果管理的个性化。大学生管理的个性化也是大学生管理科学化应有的内容之一，因为大学生管理工作一直都坚持以人为本的原则，将学生视作管理中心，强调每位大学生的独特性，利用互联网推进学生的全面发展。这种以人为本的管理是在"互联网+"背景下融入了互联网特有交互性特点的人本管理。在此背景下，高校大学生管理工作的开展应全方位贯彻以人为本的管理理念。首先，管理者需充分利用互联网在大学生专业教育方面的优势，解决大学生在专业学习中遇到的普遍性或个别性问题，提高大学生的学术能力和工作能力，将他们培养成复合型人才，实现全面发展。其次，管理者应积极发挥学生骨干在网络中的作用。学生骨干与同学们的关系比较紧密，还有相同的精力，可以在网络中起到模范带头的作用。最后，管理者应通过QQ、E-mail、微信等通信工具与大学生进行沟通交流，一旦发现问题立即制定针对性的解决方案，确保每位大学生的个性化发展，推动大学生的全面发展。

（三）着力网络技术培训，提高用网能力

大学生教育管理者应该配置独自的网络话语体系，运用网络技术建立这种

有一定导向和包容作用的创新体系，将其作为载体，迅速传递信息，并通过其规范大学生的行为。在这个充满多样思潮的网络空间里，高校管理者必须认真履行自己的职责，完成自己的使命，不受外界舆论左右，真正拥有主要的话语权和管理权。同时，结合网络技术与各类组织、社团合作，开展网络文化活动。此外，应用互联网技术手段和相关制度配合相关部门控制不良信息的扩散，同时选出网络意见领袖，确保校园网络空间的稳定与健康。

（四）制定行之有效的奖惩制度

在大学生管理工作的考核与激励中引入"互联网+"的相关内容，无论是从政策制度上还是在活动组织上都要保证其效果，强化"互联网+"层面对大学生管理工作人员工作绩效的影响。具体来讲，在现有考核制度与激励制度中融入"互联网+"工作内容，同时调整现有教学考核中不符合"互联网+"视角下大学生管理工作实际需求的地方，加大全员管理在"互联网+"视角下开展大学生管理工作的考核权重，将互联网时代所具有的实际影响与大学生综合素质提升进行有效的结合。奖惩制度的改变与大学生管理工作人员有直接关系，如高校管理者、班主任、教师及辅导员等，促使他们在开展管理工作过程中加大对网络内容的重视。更具体的形式有德育学分制度和诚信档案建设等，将大学生在校期间在网络环境下的学习以及其他与网络有关的行为纳入学分考核，并与其毕业资格关联，只有大学生达到指定的网络德育学分时方可毕业。这样的措施旨在引导大学生正确认识和利用网络的优势，积极主动地配合学校的大学生管理工作，从根本上推动大学生的全面发展。

参考文献

[1] 孙璐杨，伍志燕.智媒体时代大学生思想政治教育的特征、挑战与对策[J].黑龙江高教研究，2022，40（8）：117-123.

[2] 高淑芳.党史教育在大学生思想政治教育中的功能和途径[J].马克思主义学刊，2021，9（2）：75-79.

[3] 漆勇政，张贵礼.在大学生思想政治教育中加强党史教育的意义、原则和路径探析[J].思想教育研究，2021（10）：140-144.

[4] 周海燕，卞谢瑜.从管理到治理：高校党建引领高等教育治理现代化[J].高校教育管理，2021，15（5）：55-63.

[5] 周川.高等教育管理体制改革之反思[J].北京大学教育评论，2018，16（2）：177-185.

[6] 娄晓敏.互联网时代的大学生思想政治教育：策略与建议[J].中国电化教育，2016（6）：136-139.

[7] 毛亚庆.高等教育管理方式转型的知识解读[J].教育研究，2013，34（12）：68-74.

[8] 董泽芳，李东航，谭颖芳.全球化时代中国高等教育管理的困境与出路[J].高等教育研究，2013，34（10）：10-17.

[9] 王迎杰，王越.中华传统文化与大学生美育融合育人的实践路径探析[J].才智，2022（28）：49-52.

[10] 易扬扬.新时代下高校大学生美育教育现状与创新策略研究[J].时代汽车，2022（11）：100-102.

[11] 蒋可鸣，张业茂.大学生美育动力机制研究：以H大学为例[J].科学咨询（科技·管理），2022（3）：5-8.

[12] 刘培中.新形势下加强大学生国家安全意识教育的路径研究[J].决策探索（中），2021（11）：72-73.

［13］刘国权,李帅男.高校辅导员"以美育人"的价值意义和具体进路[J].高校学生工作研究,2021（1）：141-152.

［14］侯坤,许静波.新时代大学生社会主义核心价值观教育的美育路径研究[J].思想政治教育研究,2021,37（4）：120-124.

［15］侯昕昊,钱成,武振宇.总体国家安全观融入大学生国家安全意识教育研究[J].中国多媒体与网络教学学报（上旬刊）,2021（6）：189-191.

［16］李昊灿.新时代加强大学生美育的价值意蕴与实现路径[J].扬州大学学报（高教研究版）,2020,24（5）：109-118.

［17］刘钰涵,刘茂平.高校美育与大学生文化自信培育的融合[J].学校党建与思想教育,2020（12）：65-67.

［18］王慧军.网络时代智慧校园建设中大学生安全管理工作路径研究[J].大众标准化,2020（7）：55-56.

［19］齐嘉,宫皓宇.大学生安全意识现状及教育研究[J].知识经济,2020（7）：146-147,150.

［20］张毅.关于加强大学生宿舍安全管理的若干方法探讨[J].福建茶叶,2019,41（11）：237-238.

［21］朱党丽.新形势下加强大学生宿舍安全管理的对策研究[J].品牌,2014（12）：267-268.

［22］覃宪儒,李扬.大学生安全意识教育模式创新研究[J].前沿,2013（17）：108-109,127.

［23］卓泽林,龙泽海,徐星蕾.高校大学生创新创业教育的有效途径及困境：一项循证研究[J].中国电化教育,2022（6）：80-88.

［24］邬加白.基于互联网的校园学生管理系统分析[J].集成电路应用,2022,39（1）：268-269.

［25］张瑞显.互联网+背景下高校辅导员学生管理工作策略探讨[J].数字通信世界,2021（12）：270-272.

［26］王海亮,刘祚祚.新时代大学生创新创业教育实践课程体系构建[J].吉林

师范大学学报（人文社会科学版），2021，49（6）：103-109.

［27］严哲斯.新媒体时代大学生就业管理的创新型思路[J].黑龙江人力资源和社会保障，2021（18）：142-144.

［28］王利民.新形势下大学生社会实践活动管理模式研究：以山东华宇工学院为例[J].现代交际，2021（20）：76-78.

［29］陈琦，周丹，刘芸宏.项目化管理模式在大学生社会实践活动中的应用[J].北方文学，2019（2）：184.

［30］胡劭颖."互联网+"视阈下高校学生管理工作创新路径[J].漳州职业技术学院学报，2016，18（2）：89-93.

［31］赵军，杨克岩."互联网+"环境下创新创业信息平台构建研究：以大学生创新创业教育为例[J].情报科学，2016，34（5）：59-63.

［32］杜晓霞.大学生实践活动组织管理模式的有效探索[J].新西部（理论版），2016（2）：20-21.

［33］李梦，安若愚.大学生社会实践活动管理体系建设[J].西部素质教育，2016，2（1）：76.

［34］聂邦军，周士荣.大学生志愿服务活动项目化管理研究与实践[J].教育教学论坛，2015（48）：15-16.

［35］陈勇，黄梅学.大学生社会实践活动纳入课程管理体系探究[J].高教学刊，2015（10）：60-61.

［36］黄廷秀.大学生社会实践的自主管理创新[J].学理论，2015（3）：136-137.

［37］郝丽丽，宋岩，蔡慧慧.浅谈大学生社会实践活动的项目化管理[J].中国环境管理干部学院学报，2010，20（2）：81-83.

［38］汪翠琴.高校学生职业生涯规划指导的现状与对策[J].教育探索，2009（12）：139-140.

［39］洪瑜.大学生职业生涯规划指导现状与对策研究[D].天津：天津大学，2007.

［40］卢菊艳.网络舆情对大学生思想政治教育的影响及对策研究[D].杭州：浙江大学，2021.

［41］崔晓丹.大学生思想政治教育主渠道与主阵地协同研究[D].北京：北京科技大学，2021.

［42］邹晓宇.大学生思想政治教育获得感提升研究[D].济南：山东大学，2020.

［43］沈雁婷.我国高等教育管理学的发展研究[D].金华：浙江师范大学，2020.

［44］任艳妮.大众传媒环境下大学生思想政治教育传播有效性研究[D].西安：西北工业大学，2015.

［45］胡新峰.大学生思想政治教育机制研究[D].长春：东北师范大学，2014.

［46］张晋.我国高等教育管理研究范式研究[D].重庆：西南大学，2013.

［47］吴春晓.当代大学生网络美育研究[D].绵阳：西南科技大学，2021.

［48］邓佳.高校美育课程研究：助力大学生身心协调发展[D].重庆：西南大学，2019.

［49］王泽珺.美育融入大学生思想政治教育有效性研究[D].兰州：兰州交通大学，2018.

［50］张欢.自媒体视域下大学生美育提升策略研究[D].武汉：武汉理工大学，2017.

［51］吴楚.美育对大学生全面发展的功能定位及实施策略[D].长春：东北师范大学，2016.

［52］崔艳妮.大学生就业管理研究：以山西医科大学汾阳学院为例[D].太原：山西大学，2017.

［53］陈昊.在线教育背景下大学生创新创业教育有效性研究[D].重庆：重庆交通大学，2014.

［54］项俊辉.高校大学生就业指导工作项目化管理研究[D].大庆：东北石油大学，2010.

［55］顾翔.大学生管理[M].上海：华东师范大学出版社，1988.

［56］王炳堃.高校大学生管理教育与校园文化建设[M].长春：吉林出版集团股

份有限公司，2020.

［57］安世遨.对话管理：大学生管理新范式[M].重庆：重庆大学出版社，2010.

［58］沈阳市大专院校学生管理教育研究会.大学生管理教育研究[M].沈阳：辽宁大学出版社，1991.

［59］钱贵江.当代大学生管理新论[M].苏州：苏州大学出版社，2006.

［60］赵明吉，刘志岫.大学生管理工作研究[M].济南：山东大学出版社，2007.